紹介だけで一生売れる技術

神尾えいじ

紹介だけで一生売れる技術

神尾えいじ

『紹介だけで一生売れる技術』への推薦者の言葉（五十音順）

今の時代、応援団作りのコンセプトだ〜〜!!

今谷　鉄柱

漫画家　http://itmanga.com
漫画版『県庁の星1〜4』（小学館）の著者

見込み客に困っている人は、いますぐに本書を読んで欲しい。
私は自分のやり方を再確認、これでいいのだと自信を深めることができました。
お陰で迷いがなくなりました。とても感謝しています。

大坪　勇二

キーストーンフィナンシャル株式会社　代表取締役　http://www.s-samurai.com/
『手取り1655円が1850万円になった営業マンが明かす月収1万倍仕事術』（ダイヤモンド社）の著者

トップ営業マンになるためには、
この紹介営業を身につけることは必要不可欠だと思います。

株式会社アイ・タッグ　代表取締役　http://www.itag.co.jp/
『世界最高位のトップセールスマンが教える 営業でいちばん大切なこと』（ソフトバンククリエイティブ）の著者

小林　一光

この営業スキルは、
神尾さんがご自身の長年の経験でたどり着いた究極の成功法則であり、
すべての分野で応用可能です。

『幸せな成功者』育成塾（中井塾）塾長　経営コンサルタント　http://www.magiclamp.co.jp/
『幸せな「セレンディピティ」が次々におきる本』（学研）の著者

中井　隆栄

本書はマーケティング手法の基本といってもよい。
定期的に読み返すべき内容です。

イーエフピー株式会社　代表取締役　http://www.e-fp.co.jp/
『「売れる営業」の基本』（アニモ出版）の著者

花田　敬

神尾さんの本は、ハウツーというよりも、
本来日本人が昔からやっていた方法を見つめ直す機会を与えてくれます。

株式会社ウイッシュアップ　代表取締役　http://www.e-wishup.com/
『世界トップ営業が明かす 営業マンはお客さまを選びなさい』（大和出版）の著者

牧野　克彦

この1冊は、あなたの営業スタイルや考え方を180度変えてくれます!!

株式会社Be　代表取締役　http://www.be-corp.jp/
『売り込まなくても「トップ営業」になれる!』（大和出版）の著者

山下　義弘

はじめに

見込み客の開拓に、一生困らない！

「まずい！　もう会える人がいなくなってしまった。スケジュールが白紙だ〜」

見込み客どころか、アポイントを入れる相手がいなくなってしまったどん底の営業マン。

とにかく出会いを求めて異業種交流会で名刺交換をするものの、２回目に会うきっかけがつかめない。

とりあえず集めた名刺の相手に、「名刺交換をしていただきありがとうございました」と感謝のメールを送る。ときどき「今度、情報交換でもしませんか」と嬉しい返事をもらって会ってみるが、相手も見込み客探しに翻弄している営業マン。

「なんだ、この人も同じなんだな……あ〜あ、どうすれば見込み客と出会うことができるんだろう？」

誰もがぶつかる営業マンとしての壁です。

また、こんな実証例があります。

新人営業マンとベテラン実力派営業マンに、それぞれ100人の「見込み客」のリストを渡しました。でもそのリストの内容には、ちょっとした違いをつけてみました。

新人営業マンに渡したリストは「見込み度の高いお客様」で、ベテラン実力派営業マンのものは「見込み度の低いお客様」のリストだったのです。

さて、3ヵ月後のこの2人の成績は、どうだったでしょうか?

結果は歴然です。新人営業マンが大差で勝ちました。

このように「いい見込み客」を持っている者を前にしては、「いい商品」「いい技術」「いいセールストーク」「いいクロージング技術」「いいプレゼンテーション資料」をもってしても絶対に敵わないのです。

ズバリ! 現代の営業マンにとっての最大の課題は**「いかにいい見込み客と出会えるか」**ということに尽きます。どんなことを差し置いても、この「いい見込み客と出会う」という技術を高めなければ、ビジネスは成り立ちません。

今の時代、いい商品であることは当たり前。いい商品だからといって紹介や口コミはおきません。あなたの素晴らしいセールストークは「見込み客」がいてはじめて役に立つものであり「見込み客そのものと出会う」ということにはまったく役に立たないのです。

以前は「とにかく、数を当たれば、結果は後からついてくる」と言われてきましたが、もう通用しない時代です。「当たる数」がないのです。

持っている名刺全員に当たってみたところで数は知れています。

飛び込みセールスは、企業のセキュリティが厳しくなり、受付の電話で断られます。

もちろん、費用をかけてテレアポや広告で見込み客を募ることはできますが、反応率は、0・005〜0・01%、なんと1万人に1人という数字です。[※1] 顧客獲得単価（CPA）で計算すると10万円を超えることもざらにあり、費用対効果が悪すぎます。

「もう八方塞がりだ」と頭を悩ませている営業マンがたくさんいます。

そして、いつも考えているはずです。

「一体、見込み客はどこに消えてしまったのだろう？」と。

しかし見込み客はどこにも消えていません。

「いい見込み客はあなたのすぐ目の前にいる！」のです。

ただ、その目の前にいる見込み客と、出会える「きっかけ」がないだけです。

その理由の第一は、あなたが今までのセールスの思考から抜けられないからです。

今までのセールスの思考を一言で言えば、「売ろうとしている」ということです。

この「売ろうとしているセールス思考」が邪魔をして、見込み客は、いつもあなたから距離を置いたところに身を隠してしまっています。つまり、たとえどんなに興味がある商品だったとしても、あなたの前では、あたかも見込み客でないフリをします。

「一体、どうやって見込み客と出会ったらいいのだろう？」

そんな疑問が頭から離れませんね。

私自身も、様々な業種で見込み客の開拓に苦労してきました。冒頭のどん底営業マンは、まさに昔の私です。

しかしあるとき、そんな状態から抜け出すチャンスが訪れたのです。それは、ある人の「一言」がきっかけでした。その「一言」で私の営業コンセプトは１８０度変わり、たくさんの見込み客のご紹介をいただけるようになったのです。

はじめの1ヶ月で数十名のご紹介をいただきました。そして、そのご紹介いただいた方々からも次々とご紹介をいただけるようになりました。**結果として数千名の見込み客と出会うきっかけをいただいたのです。中には異業種交流会で知り合った、たったおひとりの方から、半年間でなんと200名以上の経営者をご紹介いただくこともありました。**

どん底生活の私に、なぜこのようなご紹介をいただけるようになったのか？

その「カギ」となるのが、本書でお伝えする**「応援されるキャラクター作り」**と、**「紹介をどんどんくれる応援団の作り方」**なのです。

この手法は、誰にでもできる方法であり「最も低コスト、そして最も確実な集客方法としての最終手段」です。

この考え方を取り入れた営業マンとそうでない営業マンとでは、天と地ほどの売上の差が出ます。今まで出会えなかった「見込み客」が行列をなして集まってくるのです。

そのためには、いくつかの考え方とノウハウがあります。

それは「読むだけで」理解できます。

「はっ!」とする発見、「なるほど」という納得、「これだったのか!」という気付き、そして、その理解は実践したくてたまらない衝動となるでしょう。

本書を実践し、まずはあなた自身が見込み客の行列ができる「幸せなビジネスマン」になってください。そして、その「幸せの秘訣」を周りに伝え、社会に還元してください。

私はそんな思いをこめてこの本を書きました。

みなさまのこれからのビジネスのお役に立てることができれば、本当に嬉しく思います。

株式会社インペリアル・サポート代表取締役
神尾えいじ

※1　顧客獲得単価（ＣＰＡ：Cost Per Action）
ひとりの顧客を獲得するのにかかった広告費。「広告費÷獲得できた顧客数」で計算される。

紹介だけで一生売れる技術　もくじ

応援される人になるためのパーソナル・ブランディング 1

第2章 やってはいけないこと。

応援される人になるためのパーソナル・ブランディング2

第3章　積極的にやるべきこと。

第4章 応援団の作り方。

第1章

応援団という発想。

なぜ応援団なのか？
私の考え方を180度変えた、お客様の一言。

私がサラリーマンを辞め、独立して健康食品の代理店として営業をはじめたばかりの頃のことです。

私は、大手銀行で営業をしていた経験もあり、当時、顔見知りのお客様や知人は、ざっと数えて600名以上いました。つまり、人脈が少ない方ではなかったのです。

その600名の方々にアプローチして健康食品の良さをアピールしたら、何人かは購入してくれるだろうし、商品の良さをわかってくれれば、見込み客になりうる人を紹介してくれるだろうと目論んでいました。

商品の良さを実感していた自分としては、このビジネスは十分勝算があると思っていました。

600名は、とくに気の合う人、会ってもらいやすい人、話を聞いてくれそうな人、商品に興味のありそうな人、人脈が多そうな人、お金を持っていそうな人をリストアップし、順番にアポイントを入れてみました。

ところが、営業チャンスはおろかアポイントも、ほとんど取れませんでした。意外でした。やっとアポイントが取れたお客様に商品説明をしようとすると困惑した表情になり、「忙しいからまた今度」と、話を聞いてもらえる人がほとんどいませんでした。当然商品の購入はなく、売上が上がらない日が何日も続きました。

最初の頃は、リストからアプローチできる人の名前が消えていっても、「まだ500名以上あるから安心だ。その中からお客様を見つければいいんだ」と自分で慰めていました。しかし、アポイントの電話をかけては断られ、また電話をかけては断られということを繰り返していくうちに、リストがだんだん減っていくのがわかります。100名単位で減っていくとさすがに不安になってきます。

不安なまま電話をすると、相手にもその不安が伝わってしまい、必要以上に警戒されるようでした。たとえ、強引にアポイントをとっても、当日にキャンセルされることが増えてきました。

小さい子どもがいる奥様たちから、決まって「子どもが熱を出しちゃったので、今日のお約束はキャンセルさせてください」という電話がかかってきます。最初の頃はあまり気にとめていなかったのですが、別の奥様3人から同じ日に、子どもが熱を出したという電話があり、やっと気が付きました。

「結局のところ私に会いたくなくて、その言い訳として子どもが熱を出したことにしているんだな……」と。

そうです。私から何か売りつけられるのではないかと、みなさん警戒していたのです。それなのに、強引なトークでアポイントを取るので、当日になって「やっぱり会うのをやめよう」とキャンセルすることが多かったのでした。

そんなことを気がついた頃には、時すでに遅く、600人いた見込み客リストのほとんどの方にあたりつくしてしまい、もう連絡するところも、行くところもなくってしまいました。

独立した直後であきらめるわけにもいかず、新規の飛び込み営業を試みてみましたが、相手から名刺をいただくだけでもひと苦労で、この先この方が商品を購入してくれるだろうというイメージは、到底わきませんでした。

「こんなはずじゃなかった……」

銀行時代に担当としてあんなにも親しく接してくれた、お客様や銀行の同僚、そして後輩までもが、独立した私を冷ややかな目で見るかのように、冷たく対応するのでした。

世間の冷たさを実感すると同時に、自分の読みの甘さを悔やんでいました。

でも、そのまま途方に暮れているわけにもいかず、何か行動しなきゃと、すでに商品を購入してくれている数少ないお客様に、紹介をお願いしてみようと動いたのでした。

そのひとりであるMさんに紹介をお願いしに行ったときのことです。

私「Mさんは、すでに商品を購入されていますし、良さを実感されていることでしょうから、どなたか、この商品に興味のある人を紹介していただけないでしょうか？」

Mさん　「ねえ、神尾さん。確かに私は神尾さんの扱っている商品を買ったよ。でもね、それは、商品がいいと思ったから買ったわけではなく、神尾さんが一生懸命やろうとしている姿を見て、応援してあげたいから買ったのですよ。もう応援してあげているのにさらに紹介までして欲しいのですか？」

とあまり甘えないで欲しいというニュアンスの顔つきで言われたのでした。

「えっ？　Mさんは付き合いで買ってくれていたんだ……」と私は、衝撃を受けました。

私が丁寧に説明したあの商品説明を、フムフムとうなずいてよく話を聞いてくれていたMさんでしたが、それは私の一生懸命な姿を微笑ましく見守る気持ちで見ていたというのです。

Mさんの言葉に初めは困惑しましたが、しばらくするとだんだん感謝の気持ちがわいてきました。

「こんな私のために応援しようとしてくれていたなんて……。私は、てっきり商品に惚れ込んで買ってくれているものだと思っていましたが、実は応援の気持ちだったのですね。

本当にありがとうございます」と心の中でつぶやいていました。

そのときです。頭の中にもうひとつの小さな衝撃があったのです。

「応援？……確かにMさんは「応援」って言ってたよな？　応援するってなんだ？　応援するのと付き合いで買うということではどう違うんだ？」

そこで、私はひらめいたのです。

「そうか！　商品を購入してもらおうとするのではなくて、応援をしてもらえばいいんだ」

まずは一人ひとりに応援してもらうことが先決だ。

相手の方がMさんのように応援してもいいよという姿勢を見せてくれたら、無理に付き合いで商品を購入してくれなくてもいいから、親しい人を紹介してもらおう。その紹介してくれた人にも無理に商品を買ってもらうのではなくて、まずは私を応援してもらえるようお願いしよう。そして、応援してくれることになったら、また紹介してもらって……。

そうすれば、今みたいに会う人がいなくなって困るなんてことはなくなるな。それに、知り合う人はすべて誰か自分の知人の紹介の方だから、そんな素敵な出会いが続けば同じお客様を作るのでも、とても効率がいいのではないかと思ったのです。

その集まりは**応援団**だ。

とにかく応援団をたくさん作るぞ！　と心のスイッチがオンになり、日々奮闘していくのでした。それから数ヶ月後、私は毎月数十名の方をご紹介していただくことになり、アポイントのなかった真っ白なスケジュール帳が紹介のアポイントでいっぱいになったのでした。

このようなエピソードから、応援団を作るという発想が生まれました。

「でも、応援団ばかり増えてもお客様になってくれる人がいないのでは、仕事にならないのではないでしょうか？」そんな読者の声が聞こえてきます。

ご安心ください。

その後、応援団からお客様になってくれるポイントがありますので、じっくりと読み進めてください。

まずは、応援団を作ると決めてください。スタートはそこからです。

でも、簡単に応援団は作れないことも実感することでしょう。

何が必要か？


それは、あなた自身が応援されるようなキャラクターを身につけることです。


もっと言うと**応援されるようなパーソナル・ブランディング**ができるかどうかです。

パーソナル・ブランディングと聞くと難しい言葉に感じる方もいるかもしれませんが、単純なことです。多くの方から愛される営業マンになることです。

この方法は、どの業界でも使えます。

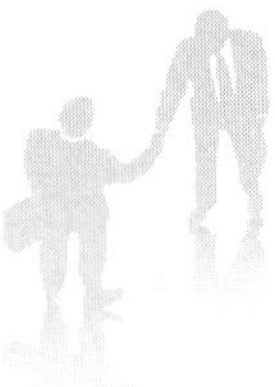

一緒に種をまいてくれる「応援団」を作ろう！

よくビジネスでは「種をまく」という表現をします。

では、この「種をまく」とは営業マンにとってどういう作業を指すのでしょうか？

業種によって様々な解釈があると思いますが、総合して言えるのは「種をまく作業」＝「見込み客を探す作業」ということです。

それならば、ひとりで種まきをするより複数の人でまいた方が、よりたくさんの種がまけるということは言うまでもありません。そして、この一緒に種をまいてくれる人のことを「応援団」と言います。

「応援団」は、意識的に営業マンに協力体制をとってくださる大変貴重な方々です。

この一緒に種をまいてくれる応援団組織が作れるかどうか。これがビジネスの要となります。

イメージしてください。

法人営業をしている方ならば、社長や担当部長の今日の様子を「今日は機嫌がいいから電話してみたら……」と教えてくれる人が応援団にいたらどうでしょう？

健康食品を個人向けに販売している営業マンならば、「近所の奥様が糖尿病予備軍で、健康を気にし始めたからパンフレットをわたしておいたら……」と言ってくれる方がいたらどうですか？　そんな応援団が100人から200人もいたらどうでしょう。

このように、あなたの代わりにつねにアンテナを張り巡らしてくれる応援団がいたら、営業成績で悩むどころか、見込み客の行列ができるのです。

現代の日本の厳しいセールス環境では、そのような応援団になってもらえそうな人を何人作れるかが勝負の分かれ目になるといっても過言ではありません。

では、どのようにしたら、このような心強い応援団が作れるのでしょうか？

結論から言いますと、それにはまずあなた自身が「応援されるタイプの人」に自らをブランディングすることです。そう、「応援団を作る」というビジネススタイルを認識し、応援団の性質や心理を理解し、相手が思わず応援したくなるような人になることです。

このように言うと難しく感じるかもしれませんが、これは、決して難しいことではありません。セールスのちょっとした考え方の工夫と、応援する人のちょっとした心理を理解することで応援される人になれるのです。本書を読み進むうちに、そのツボをつかむことができます。驚くような大きな成果を上げることができるでしょう。

相手を見込み客としてだけで見るのは愚かなこと。

人と会うときには、その人から広がる人の輪を意識してください。

目の前の相手を、見込み客としてだけで接することほど愚かなことはありません。そのような接し方では、その相手に商品を買ってもらったことだけで目的が完結してしまいます。それよりも応援団になってもらうことの方が優先です。

その人の知人を紹介してくれるようお願いした方が、実際の売上成績もグンとアップします。営業マンの精神衛生上も、これほどいいことはありません。

さらに言えば、知人の知人という人の広がりを作らなければ、永遠に見込み客探しで苦

労し、怒涛の営業を余儀なくされることになるでしょう。こうした、昔ながらの「一本釣りの、セールストーク神話」に頼った営業スタイルのセールスに、明日はありません。

この「人の広がりを意識した営業マン」は、自ら描く健全なイメージのお陰で、心構えに気負いがなくセールスが楽になります。

目の前の相手からどうしても契約を取らなければならない、というプレッシャーから解放され、見込み客の行列がイメージできるからです。

本当に幸せな営業マンになれます。その幸せな営業マンのプレゼンテーションは、焦りがなく、笑顔で絶対的な自信がみなぎっています。この楽しそうな仕事振りは、相手にとって、とても大事なチェックポイントです。

「この人は、私が契約しなくてもきっと成績はいいだろうし、本当に仕事が楽しそうだ」、「こういう人だったら○○さんに紹介しても良さそうだな」と思ってもらえます。

はい、ここまでで、売上の差は歴然です。

この「人の広がりを意識した営業マン」は完全にプラスのスパイラルを上り始めます。

そして、結果的に契約を焦っている営業マンの何倍もの売上をあげることができます。

これが、応援される営業マンの力です。

応援団構築型営業マンのパーソナル・ブランディングは、しっかりと初めから意識していないと構築できません。また、応援団という人脈（組織）も、初めからしっかり意識していないとまったく広がりません。そこでまず、次の言い方を覚えてください。

「買ってください」ではなく、「応援してください」と言うのです。

「紹介をください」と言うのではなく、まず「応援してください」と言うのです。

「投資してください」と言うのではなく、その前にまず「私を応援してください」と言うのです。

「人の広がりを意識できる営業マン」になってください。見込み客を直接探すのではなく、見込み客を紹介してくれる応援団を作るのです。

「私を応援してください」という言葉――これは、言葉のマジックだけではありません。「私を応援してください」という言葉は、「買ってください。紹介してください」とは似て非なるものです。

根本的なアプローチ、ビジネス手法、人間関係に対する考え方やビジネスに対するイメージがまったく違います。本書によって「応援してください」という言葉の意味を理解し、実践し、習慣とすれば、見込み客探しのために路頭をさまようという問題は、解決するのではなく、消滅するのです。

政治家に立候補するつもりになる。

政治家に立候補するつもりになってください。政治家の仕事は、まず後援会作りです。そして、この後援会の力を借りて支援者を増やしていきます。

営業マンの場合、後援会が応援団であり、支援者がお客様になります。もちろん、政治家とビジネスマンとでは違う部分がたくさんありますが、「私を応援してください」というコンセプトには見習うべき点が多々あるのです。

政治家は「私に1票をください」と言う前に、まず「私を応援してください」と言って後援会を組織し、そして選挙のときは後援会と一丸となって「私に1票をください」と言うのです。

このステップが重要です。応援団を形成するビジネススタイルを構築するためには、このように政治家になるためのステップをイメージするといいでしょう。

政治家になるためには、まず、大志がなければなりません。

「世の中をどのようにしたいと考えているのか？」

「その中で自分は何ができるのか？」

という大志を政治家は明確に持っています。

そうした一つひとつの思いを、まず後援会（応援団）の方へ、そして有権者の方へ一人ひとりにお伝えしていくのです。

この活動は、まさしく応援される営業マンの活動そのものです。


「自分が扱っている商品が世の中の人にどのように役に立つのか？」

「自分は何ができるのか？」

「自分は何がしたいのか？」

ということをキチンと考え終わっているかどうかがとても重要です。

そのことを応援団やお客様にお伝えしていく活動そのものが、売れる営業マンのまずの仕事なのです。

また、政治家の活動のひとつとして演説、支援者たちとのコミュニケーション、スキンシップがあります。この場面は、その政治家のアクセル全開の場です。ここで聴衆を引きつけて「なんのために立候補するのか」をしっかりとわかってもらうのです。

一人ひとりと握手するシーンをよくＴＶで目にします。その一人ひとりに対する時間は短いものです。ところが、この握手をするか、しないかで得票が違うと言われています。スキンシップは、とても大きな効果があります。

支援者の目をしっかりと見つめ、心から「お願いします」と伝えているのです。そのときに確かな思いが伝わり、「この人に投票しよう」と決めるわけです。

営業マンもまったく同じです。心を込めて「思いを伝える」ということが大切です。一期一会のご縁に、握手の習慣を持つのもいいことでしょう。

相手にその思いが伝わったとき、相手は「紹介する」「購入する」というアクションを起こしてくれるわけです。そして、当選後の姿勢。「謙虚に、みなさんに支えられている」

という姿勢を崩しません。

政治家の中でも、国会議員になると大きなステイタスであることは間違いありません。その先生方でさえ、地元の選挙地区では、足を棒にして歩き回り、決して高い服を身につけるわけでもなく、中には、スニーカーをはいて挨拶に回っている方もいます。そして、食事も普通の庶民的なものを食べています。その庶民的な部分に人間味を感じさせ、また支援者の心を惹きつけています。

それがたとえ演出であっても、とくに地元では、そうした謙虚な姿勢が受け入れられるものです。あなたがこれから作っていく応援団とは、おそらくこの地元の後援会のような関係となっていくでしょう。応援団になっていただいた後、または、お客様としての契約の後のコミュニケーションが大切です。

そのコミュニケーションの質によって、「応援団やお客様が、人を紹介してくれるかどうか」が決まってきます。

売ったら売りっぱなしが多い世の中だからこそ、キメ細やかなコミュニケーションを重ねて、心強い後援会を作るつもりで応援団の方と接するようにしてください。

「応援する」って
どういうこと？

本書でいくら「応援する」ということをお伝えしても、あなた自身がピンときていなければ、要領をつかめない話になってしまいます。どうすればピンとくるか、その方法をお教えします。

それは、**あなたが誰かの応援団になってあげることです。**いろいろなテクニックを学ぶよりも、あなた自身が周りで応援したい人を見つけ、そして実際に応援してあげることが、細かいニュアンスを理解する一番の方法でしょう。

ここで大事なことですが、応援する方から絶対に見返りを求めてはいけません。見返りを期待すると本当の意味で「応援するとはどういうことか？」ということがわからないからです。ＧＩＶＥ（与える）＆ＧＩＶＥの精神がポイントです。

では、早速応援したい人を思い浮かべてみましょう。

あなただったら「どういう人」を応援したいですか？

「なぜその人」を応援したいと思いましたか？

「きっかけになった一言」はなんですか？

「どうやって」応援したいですか？

「あまり負担にならない応援方法」はどのような方法ですか？

これらの質問の答えが、これからあなたが応援されるために「向かうべき方向」です。

ここで応援すると決めた相手を本当に応援し続けてください。

具体的にお客様になりうる人も紹介してあげるといいでしょう。そのときに「紹介しやすい方法は、どのような言い方か」ということをしっかりと研究してください。

また、その言葉を言ったときに、相手がどのような反応を示し、「何と言ってくるか」も体験してください。その反応は、あなたの応援団があなたを紹介したときに相手から受ける反応と同じです。


これらのことは、あなたが誰かの応援をして初めてわかることです。そして、応援団の存在のありがたみがわかるようになるのも、このときでしょう。

逆にあなたが誰かの応援をしないと、陰で応援してくれる人の存在に気がつかないこともあります。

たとえば、あなたに「こんな本があるみたいだけど、読んでみたら？」とか「新聞にこんな記事が載ってたけど、あなたの役に立つのではないですか？」といつも情報をくれる方はいらっしゃいませんか？

このように思いがけずあなたを応援してくれている人がいるものです。その存在に気がつかないのは罪です。そのためにも、あなたも誰かの応援団になって、立場を理解してあげるべきです。

あなたが応援している相手は、「あなたが応援団だ」ということをはじめは知りません。つまり、思いがけず応援してくれている人に、あなた自身がなっているのです。ところが、機会があってそれが相手にわかると、ゆるぎない完璧な信頼関係が築けます。そうなると、相手の方もあなたの応援団になってくれることは間違いありません。

そういう意味でも、あなた自身がたくさんの方の応援団をしてみてください。そうすると、同時にあなたの応援団も増える結果となります。早速、応援したい人のリストを作ってみましょう。そして、そのリストをつねに持って応援活動をしてみましょう。

営業マンは、「自分がお客のときが、発見のチャンス」と教えられます。応援される人

になるのも、あなたが応援しているときが最大のチャンスです。

誰かの応援団になってあげて、エッセンスをたくさんつかんでみましょう。

営業マンの人脈は少ない方がいい。

営業マンに限らず、ビジネスマンにとって「人脈」は貴重な財産です。ですから「人脈は多い方がいい」と思われています。しかし、この「多いに越したことはない」という考えは間違いです。これはもちろん、「人脈はいらない」と言っているわけではありません。

「応援団を作る営業マンの人脈は、初めは少ない方がいい」という意味です。

人脈の少ない営業マンは、人脈一人ひとりとの関係を大切にします。そして、その「付き合い方の質」を高めようと自然に努力します。その人脈を頼るしかないので、なんとかして「応援される人になろう」と一生懸命になるのです。すると、その思いが伝わり、相手の方からも「なんとかしてあげたい」と思ってもらえます。

その結果、何人もの人を紹介してもらえることになります。さらに人脈の少ない営業マンは、その人から紹介していただいた人との付き合いも大切にし、また次の紹介へと発展していきます。**つまり、「紹介から紹介へ」という「人脈の縦の深掘り」のスパイラルを登れるのです。**

一方、はじめから人脈の多い営業マンは、「付き合い方の質」よりも「人数」を重視しがちです。なぜなら「ダメならすぐに次の人に行こう」という営業マン独特のポジティブな思考をしてしまうからです。

この「次に行こう」が一人ひとりとの「付き合い方の質」を希薄にしてしまうのです。そして相手からも、「あなたは、顔が広いから私が助けてあげなくても大丈夫だよね」と思われてしまいます。その結果として、誰からも紹介してもらいにくくなります。

それでも、その営業マンは、「付き合い方の質」の重要性に気がつかず、つねに「次に行こう」と新規開拓に明け暮れるのです。

応援される人になるためには、この「希薄さ」は大敵です。絶対に持ってはいけない概念です。そういう意味で「次に行こう」が通用する「人脈が多い人」よりも、むしろ、「人

脈の少ない人」の方が応援される人になりやすいのです。

今までは「新規開拓で断られても、めげない精神力を持った営業マン」が注目を浴びてきました。「次の人に行こう」の「次の人」が、まだまだあったからです。

ですが、もうそのような時代は終わりを告げました。

消費者の意識は高く、またセールスに対する拒絶反応も強く、おまけに人口は減る一方で、マーケットはどんどん小さくなっていきます。「質」の充実を図らずに「数＝次の人」を求めても、通用しない時代に入っているのです。その認識をしっかり持ってください。

営業マン自身が、セールスの手法（＝見込み客の開拓方法）を見直し、応援されるキャラクターを自らをブランディングして、自分自身の応援団を組織するスタイルを築くことこそ、これからの時代の営業スタイルです。

極端な言い方ですが、人脈は「ひとりいれば十分」です。

その貴重なひとりと「質が高く内容の濃い」お付き合いをして、その方を通して人脈を広げてください。そういう意味でも、いち早く「応援される能力」を身につけた人が「成功者」になれるのです。

第2章

やってはいけないこと。

✖ やってはいけないこと。

応援団を作ろうと思うなら、まずあなた自身が応援される人にならなければなりません。この章では、応援される人になるためのブランディングをしていく上で、やってはいけない禁止事項を解説しています。

「えっ、そうなの?」と思う意外なこと、

「それはそうだよな」という当たり前のこと、

「やってしまいがち」だけど、やると良くない落とし穴など、ひとつでも参考になる項目があったら、今日から改めてみましょう。

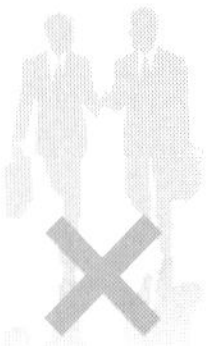

「説明はいらない」という仏様に くどくど説明してはいけない。

営業マンにとって仏様のような方がときどき現れます。

あなたと会うこと自体が楽しみで、いつもニコニコしていて、あなたのやっていることを無条件に受け入れてくださる方です。

商品の説明などいらない、という極端な例もあるぐらいです。親戚関係や親友、先輩などがその代表例です。

こういう場合は、その好意をありがたく、そのまま受け取るようにしましょう。

確かに、こちらの説明もろくに聞かないで契約に応じてくれるわけですから、こちらも「これでいいのか?」と戸惑い、もっとしっかりと納得した上で契約して欲しいと、ついつい説明に熱が入ってしまいがちです。

しかし、こういうケースは、せっかくの相手の好意を無駄にしてはいけません。

相手は**「あなたのことを応援しているから、少しでも役に立つならどんな商品(契約)だっていいんだよ。とにかく、成功するようにがんばってね」**というエールを送っているのです。

それなのに、相手が求めてもいない説明を、くどくどと説得するような口調で語ることは自己満足に過ぎません。

きっちり、すっきり、そのまま好意を受け取りましょう。

そして、心から感謝の気持ちを述べましょう。

また表面上のお付き合いは、営業マンとお客様のような形になっているのですが、心の中では無条件にあなたを受け入れてくれている仏様もいらっしゃいます。

自ら創業して成功した経営者にその傾向が強いようです。

「昔、創業したての頃、自分も見込み客探しで苦労した。そのときにいろいろな人から支えてもらったから、その恩返しのつもりでいる」といった方です。

こういう方とお話をしていると、ところどころでこちらの意思を試しているような質問があります。

最も多い質問が**「あなたは、なぜこの仕事をしようと思ったのかね？」**です。

それにきちんと答えて合格すると、「無条件に契約」してくれます。

このときに勘違いをしてしまう人が多いので、次のことに気をつけてください。

このような方は、もともとあなた自身を受け入れてくれているのです。

説明を聞いてあげているのも、質問してくれているのも、あなたの決意の確認に過ぎません。

決して「商品力があるからだ」とか「自分の説明が良かったからだ」と、相手の好意を自分の実力と履き違えないようにしてください。


もちろん、あなたが扱っている商品がいいという理由はあると思いますが、相手の意思は、本来そこにないことをきちんと理解しないと、野暮なダメ営業マンになってしまいます。

このような仏様は、一生大切にお付き合いしてください。

いつまでも、あなたの応援団になってくださいます。

ご自分で苦労された分、人脈も多く、見込み客の紹介が最も多いのも、このような経営者でしょう。

こういう方の中から、あなたのメンターのような「心の師匠」を見つけられると成功する速度が速くなります。

絶対にこのような仏様との出会いを見逃してはいけません。

応援団にはキャッシュバックをしてはいけない。

ビジネスの世界では、紹介したお客様が契約されると、紹介料をキャッシュバックするという習慣があります。

しかし、このキャッシュバックをしなければならない方を応援団として考えることはやめてください。キャッシュバックをする方々は、ビジネス上の業務提携の相手であって、応援団と区別する必要があります。

みなさんが応援団を募る際には、絶対に金銭で釣ってはいけません。

「もし、決まったら10％バックするから」などというフレーズで応援団になってもらってはいけないのです。

なぜ金銭で釣ってはいけないのでしょうか？

応援団という存在は、あなたを応援しようという「思い」で動いてくださっている方々です。そこに金銭が絡むと「思いのため」でなく「お金のため」に理由が変わっていきます。すると「思いの質」が下がって、それが紹介された方に伝わってしまうのです。

キャッシュバックが頭にあると、ほとんどの人は紹介するときの話し方が下手になります。なんとなく下心が出てきてしまうのです。ネットワークビジネスの経験者であれば、ここが一番のネックになるという意味が容易に理解できるでしょう。

つまり、商品を気に入って愛用していた人が、ビジネスとしてとらえて人に紹介しはじめると、急に話し方が下手になってしまうという現象です。

自分が金銭的に何も利益を得ていない単なる愛用者のときは、あれほど自然に、あれほど上手に話ができたのに、収入を意識した瞬間から突然雰囲気が変わってしまうのです。

人の心は正直なのですね。このような現象を避けるためにも応援団にはキャッシュバックを約束することをやめましょう。

また、紹介された方も後で知ったときに「あいつは俺を金で売った」などと嫌な思いをされます。これでは、応援どころかあなたのせいで人間関係を壊す引き金を引いてしまうことにもなりかねません。後味が悪いですね。

ですから、決して金銭で釣って応援団を募ってはいけません。

あなたの「志」を伝えて「思い」で動いてくださる応援団を作ってください。そして、キャッシュバックの代わりに、応援団の方へその感謝の気持ちを、態度や言葉で、そして金銭以外の何かでお返ししてください。

それでも、どうしても金銭でお礼をしたい場合は、代理店方式、アフィリエイト、MLMなどの業務提携のスキームを導入して、相手にもビジネスであることをしっかりとご理解いただいた上で活動することをお勧めします。

もう一度申し上げますが、この考え方で大切なのは、「あなたの志」と「応援団の思い」のつながりです。

×「商品が嫌いだ」と言われた場合、商品の説得をしてはいけない。

身近な人に応援をお願いしに行ったときに、あなたの扱っている商品を「嫌いだ」と否定されることがあります。

たとえば「クレジットカードは、絶対に持たないことにしている」という方や「栄養は食べ物から取ることにしている」という健康食品嫌いの方などです。

このようなとき、あなたはどのような反応をしますか？

「嫌いだったら応援してもらえないな」とすぐにあきらめてしまいますか？

それとも、商品の良さをもっと詳しく説明しますか？

本当に応援して欲しいと思っているのでしたら、ここで簡単にあきらめてはいけません。

客観的に考えてみましょう。

あなたは「応援のお願い」に行っているのであって、その人にその商品を売りに行っているわけではないのです。

つまり、**商品が嫌われてもあなたは嫌われるわけではない**ということです。

「応援」とは、商品を応援するのではなく、あなた自身を応援してもらうことです。

「商品が嫌いだ」と言われた場合でも、簡単にあきらめたりしないで、応援のお願いを淡々と継続してください。

ただし、その際の注意点があります。これは、とても重要なことです。

それは**「商品が嫌いだ」という相手の価値観を変えようと思わない**ことです。

もちろん、相手は、商品をよく知らないから嫌っているのでしょう。

そこで、商品に対する誤解を解きたいあなたの気持ちもわかります。

でも、その場面で商品説明をすると、必ず「説得」をする結果になってしまいます。

これは、最悪です。人は説得されることが嫌いなのです。

多くの営業マンが、ここで失敗しています。

たとえ、相手が説得に応じて価値観を変えたとしても、ほとんどの場合、もうあなたを応援しようとは思わなくなってしまうものです。

これは「議論に勝って、商売で負ける」というパターンです。

こういう方には、純粋に「自分への応援のお願い」だけをしてください。

「自分がなぜこの業種を選んだのか」「どうして、この会社にしたのか」「そして、自分は

どうなりたいのか」という自分の考えを具体的に自信を持って話すのです。「商品が嫌いだ」という方に、あえて商品のことを説明する必要はありません。

大切なポイントは、「商品の応援」ではなく、「あなた自身の応援」というイメージです。この方法で「NO」という方は、まずいらっしゃいません。必ず「YES」と言ってくださいます。

そして、実際に見込み客を紹介していただけた場合には、しっかりと丁寧にフォローしてください。

この紹介された見込み客が思いのほか商品を気に入ってくださると、商品に否定的だった応援団の方も、偏見が少しずつなくなってくるものです。このときが、「商品が嫌いだ」と言われた方へ誤解を解くタイミングですね。

このようにすれば、あなたが扱っている商品や会社、または販売方法が気に入らなくても、相手はあなたを応援します。相手に批判的なことを言われても反論せず、あきらめないでください。そして改めて真剣に伝えてください。

「あなたの応援が必要なのです」と。

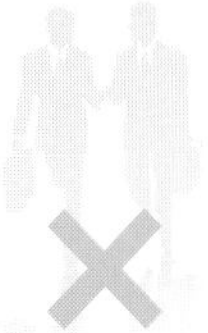

「反論の先回り」をしてはいけない。

営業マンとしてある程度経験を重ねると、セールステクニックをたくさん学びます。

本書の読者の中にも、数多くの「セールスノウハウ本」を読み、いろんな研修を受けられた方がいらっしゃるのではないかと思います。

しかし、人にはそれぞれ個性があります。ですから、同じテクニックでも使う人によって効果が違ってきてしまいます。もちろん、営業マンとして必要最低限のマナーなどは身につけていなくてはなりませんが、**本当の意味で営業マンがしなければならないことは、「自然体でいること」です。**

いい俳優でいるということは、カメラや聴衆を前にしても「いかに自然な演技ができるかどうかだ」と言いますが、これはセールスにおいても同じなのです。

さて、ある営業マンの失敗例をお話しましょう。

ある有力な応援団の方からの紹介で、農家のご主人を紹介していただきました。そのご主人のご自宅を訪問して、商品の説明を始めたときのことです。その営業マンは、最近勉強したテクニックを使いました。それは、**相手の反論を先回りしてこちらから言ってしまうことで、相手に何も言わせないような心理状態にする**ものでした。

その営業マンは、本来そんな先回りをするようなタイプの人間ではなかったのです。

結果は大失敗に終わりました。相手のご主人は、もともと紹介してくれた人との信頼関係があり、商品を買うつもりでいたのに、「反論の先回り」処理をする営業マンの態度に気分を害してしまったのです。結局、商品が売れないどころか、応援団の信頼も失ってしまいました。

応援団型のセールスでは、見込み客の質がかなり高いので、とくに、こうした失敗に気をつけなくてはなりません。

もちろん、この「反論の先回り」というテクニックを用いると有効なセールスもたくさんあると思いますが、この営業マンの気質には合わないテクニックだったようです。

それよりも「自分はこんな気持ちで頑張っています。よろしくお願い致します」と素直に頭を下げていれば上手くいったのです。

また最近のセールスノウハウ本では「頭を下げない営業」ということを推奨していることが多いようですが、それは時と場合によります。とくに目上の人と接するときは、素直にお願いするほうが好感を持たれます。

「応援される人」になるコツは、「私を応援してください」という言葉の持つ深い意味を理解し、自分らしく「自然体でいること」です。

テクニックをたくさん勉強して知っておくことは大切です。それは「引き出しをたくさん持つ」という意味です。しかし、もともとの「棚」が壊れていては、「引き出し」をいくつ持っても意味がありません。「棚」はあなた自身にあたります。

ですから、しっかりとした「棚」を作り上げた上で、たくさんの引き出しを持ちましょう。

すると、意外と引き出しの数が少なくて済むことに気がつくと思います。

なぜなら、応援団がたくさんの「引き出し」を用意してくれているからです。

カッコつけてはいけない。

カッコつけてしまう営業マンをよく見かけます。

「私はバリバリの優秀な人間です」という顔をしているタイプの営業マンです。

一方、ちょっとカッコ悪い営業マンがいます。

真面目で一生懸命だけど、ちょっと慌て者でおっちょこちょい。どことなく滑稽で愛すべき人柄。でも自分が一生懸命なあまり、自分の良さに気がついていません。それどころか、バリバリの頭の切れる営業マンに憧れてさえいます。

さて、応援団がたくさん持てる営業マンはどちらだと思いますか?

もうおわかりですね。

応援団をたくさん作れるのは、後者の「ちょっとカッコ悪い営業マン」です。こういう、ちょっとカッコ悪くて滑稽な営業マンは、周りから見て放っておけない、つい応援したくなる存在なのです。この放っておけないキャラクターは「応援団形成型セールスの才能」

でさえあるのです。

もしあなたが、普通、またはちょっとカッコ悪い三枚目タイプならチャンスです。逆にもしカッコいい二枚目タイプなら、応援団を増やすには三枚目に学ぶ必要があります。

以前「電車男」という不思議なタイトルの本がベストセラーになってTV化されたのを覚えていますか？

さて、あの「電車男」はどうしてあんなにも評判になったのでしょうか？

もてない男の代名詞アキバ系のオタク男が、ひたむきに恋愛にチャレンジした姿が、けなげで、滑稽で、泣けて、かわいくて、「電車男、ガンバレ！」と、多くの人の心を打ちました。

でも彼がもし、カッコいい二枚目なキャラクターだったら、こんなに評判になったでしょうか？　おそらく誰も見向きもしなかったと思います。ここがポイントです。

「電車男」は、情けない、カッコ悪いキャラクターで、運動会の徒競走でビリッケツのようなタイプだけど、歯を食いしばって一生懸命に走っていたからこそ、たくさんの人が応援団になったのです。

営業マンのパーソナル・ブランディングは、スーパースター営業マンのような銀幕スターをモデルにして、それに近づく努力をするようなことではありません。

スーパースターは「憧れ」の対象であって「応援」の対象ではないのです。セールスの見込み客開拓に必要なのは「応援」です。ですから、絶対にカッコつけてはいけません。カッコをつければつけるほど、反対に応援団は去っていきます。

ちょっとカッコ悪いぐらいの方がいいのです。今、「なんて自分はダメなんだ……」と反省しているあなたこそ、本当は成功する営業マンなのです。

✕ 応援される人になるためには、感情を抑えすぎてはいけない。

応援される人になるためには感情を抑えすぎてはいけません。

私たちは子どもの頃から「感情を抑えること」がいいことだと教わります。感情を抑えられる人間になってこそ、いっぱしの大人だと。

ところがトップ営業マンや、成功した事業経営者を見てみると、実は思ったより感情を出している人が多いことに気がつきます。

一見、短所にさえ見えるその感情的なところが「人間味」として伝わり、親しみという安心感を抱かせるのです。周りを取り囲む人も動きやすくなります。

「経営の神様」と言われる松下幸之助さんも部下を怒るときは、感情的に怒っていたそうです。だからこそ、「これをすると怒られる」「これをするとほめられる」とハッキリとした価値観が周りに伝わっていたのです。

少々感情的な部分があっても、それは自分の生き方がハッキリしている証拠だと思えばいいのです。それだけ真剣だからこそ感情が湧き出るのですから。

もちろん、ここで申し上げているのは、やたらに感情的になればいいということではありません。「場の空気」を読む力も必要です。今、感情を表に出したほうがいいかどうかを察知する能力です。場の空気が読めずに感情を出すと、単なるわがままなヤツとして映ってしまいます。

もしあなたが**感情を押し殺してしまうタイプ**なら、感情を少し出すように心がけてみてください。怒ったり、泣いたり、笑ったり……。

極端に変わることは難しいかもしれませんが、押し殺していた感情を出すことによって「人間味」が出てきます。そうすると親しみが湧いて「応援する理由」が見つけやすくなります。この人間味がゆえに「よし、一肌脱いであげよう」と思ってもらえるようになるのです。

また、人に紹介しやすくもなります。みなさんの人柄やキャラクターが「人間味」によって説明しやすくなるのです。恐がらずに感情を出してみましょう。そして、周りの人に早くあなたをわかってもらいましょう。

× 大きな負担になる距離で付き合ってはいけない。

日頃の生活の中で、応援団の方とはどのような付き合い方をしたらいいのでしょうか？

基本的な考え方は、「大きな負担になる距離で付き合ってはいけない」ということです。

応援をお願いしていること自体は、相手がどんなに好意的であっても、その方の生活にとって「余分なこと」に変わりはなく、「負担」であることは間違いありません。

「負担には感じていませんよ」と言っていただいても、決して真に受けてはいけません。

そして、その分いつも感謝の気持ちを持ち続けなければいけません。

では、この「あまり大きな負担にならない距離」とはどのような距離なのでしょうか？

これはズバリ「ついでの距離感」です。

具体的に説明しましょう。まずは、面談のタイミングです。

たとえば、お酒を飲むことが好きな応援団の方には、その時間をお付き合いするようにします。自分の大好きなことに付き合ってくれることは、相手にとって喜びです。その時間帯で、最近の動き方など「それとなく」ご報告して、応援の継続をお願いしてください。

つまり「お酒のついでの作戦会議」です。

ランチタイムが主となる付き合い方もあります。この場合は、ランチ後のコーヒーを飲んでいるタイミングが「ついでの作戦タイム」となります。主婦の場合は、お子さんが学校から帰ってくる前のティータイムがいい時間です。

このように、応援団の方にできるだけ負担にならない「ついでの時間帯」で面談をすることが大切です。

したがって、食事を一緒に取ることはとても有効です。なぜなら、食事は必ず誰でも取るからです。

中心となる応援団が20人いるのでしたら、毎日のランチタイムを応援団の人と食べるようにするのもいいですね。それでも応援団の方ひとりにとっては、月に1回のランチです。その際のランチ代は、こちらで払います。せめてもの感謝の気持ちです。

すると相手はあなたの応援団でいることの負担が軽減されます。

だからといって、中にはせっかくのランチタイムなのでひとりでゆっくりしたいという方もいますので、相手の気持ちを考えながらタイミングを計ってください。

このようにできるだけ負担にならないよう、つねに「配慮」を忘れないようにしましょう。

次に、なかなか会えない忙しい応援団との付き合い方です。

基本はメールのやり取りが主になりますが、文章にも気を遣う必要があります。

用件を簡潔に書き、しかも返事が不要であれば「お返事は不要です」と書きましょう。忙しい方でも人格者は、人とのコミュニケーションを大切にし、お返事を一人ひとりに書かれます。

そんな律儀な方へ負担を軽減するせめてもの思いやりとして、「お返事は不要です」の一言を添えるべきです。

そのような律儀な方だからこそ、あなたの思いやりにもきっと気がついてくれます。応援されるようになるには、この気配りは、自然と出てくることが望ましいですね。

電話をするときもタイミングを慎重に考えてください。もちろん、相手にとっていい情報をつかんで、一刻を争うときは遠慮なく電話しましょう。

「メールでのやり取り」でも「電話で話すとき」も、考えるべきことは、「私にとってあなたは特別な存在です」ということが、あなたの配慮と思いやりによって伝わるようにすることです。

また、その面談で相手に負担になりすぎているなと感じたときは、感謝の気持ちだけ述べて、少し時間を空けるようにしましょう。

お互いに「NO」と気楽に言える仲なら遠慮なく「NO」と言ってもらいましょう。そして、それをキチンと受け止めましょう。

そういう態度でいると相手も改めて「真剣さ」を認識してくれます。

同時に「NO」と言っても、人間関係がなくならないということが伝わります。

「NO」という反応に対して嫌な顔をしないあなたを見て、「人としての深さ」を感じてもらえてよりいいイメージが残ります。

「NO」でも「YES」でも、（相手の方から何かのアクションがあったときはチャンスです）相手が出した決断をあなたがキチンと受け止めていると、相手も改めて好感を示してくれるはずです。

応援団の方との関係は、「YES・NO」の結果はどちらでもいいのです。

大切なことは、応援団との人間関係が一番優先され、友好な関係を保ち続けることなのですから。

嫌いな人と無理して付き合ってはいけない。

応援してもらうためには、聖人君子のように、なんでも完璧にやらなければ、と思ってしまいがちです。応援をしてもらう以上は、へりくだって「誰にでも頭を下げてお願いして回らないといけない」と思うかもしれません。

でも、そのような必要も心配もありません。

なぜなら、全員を味方につける必要はないからです。逆に全員を味方につけようとすると八方美人に映ります。そうなると応援は得られません。

応援をしてもらう立場であっても、嫌いな人、苦手なタイプの人とは付き合わなくていいのです。

「あの人は、人脈をたくさん持っているから……」とか、「あの人は、お金持ちだから……」という理由で、嫌いな人でも無理やり付き合おうとする人がいますが、応援団という観点からいうとこれは間違いです。

また、嫌いな人から紹介を受けるとトラブルに巻き込まれることが多いものです。

実社会では嫌いな人とも付き合っていかなければならない場面がたくさんありますし、嫌いだからといって無理に離れる必要はありません。しかし、そのような人に応援団をお願いすることは避けてください。

応援団は、まずはこちらで選びましょう。

自分にとって心地いい人だったり、元気をもらえる人だったり、楽しい会話ができる人を選びましょう。応援団は、ひょっとしたら一生のお付き合いになるかもしれません。ですから、こちらが慎重に選ぶぐらいがちょうどいいのです。

自分の価値観と合わない応援団を募ってはいけません。

その慎重に選んでいる価値観は、相手に伝わります。すると「自分は本当に頼りにされているんだ」という自覚を持っていただけます。そして、さらに応援してもらえるようになるのです。また「好き・嫌い」を分けるようになると、自分自身の中にも「だからこそキチンとやらなければならない」という気持ちが強くなってきます。自分の決断に責任を持つようになるのです。

一番良くないのは、その場その場で合わせて人と付き合うことです。そのような人は、結局誰からも相手にされなくなります。

他人によってぶれることがない自分の軸を持ってください。応援団を選ぶ際も、その軸を中心に置いて選んでください。そのようなポリシーを貫いた結果、あなたらしい、素晴らしい応援団ができるのです。

「ビジネスだから」という言葉を使ってはいけない。

ビジネスマンは、必ず「ビジネスだから仕方がない」と無理やり思わなくてはならない場面に出くわします。ビジネスであっても、プライベートであっても、「仕方がない」ということは当然あるわけですが、そのときに「ビジネスだから」という言葉を使って割り切ることをやめましょう。

応援される人になるためには、普通の人と同じ割り切りをしていてはダメです。

まず、たった今から「ビジネスだから」という言葉を使わないようにしてみてください。

すると、**「信頼のオーラ」**が出はじめます。


イメージしてみてください。

「ビジネスだからお金をいただかなくては……」

「ビジネスだからそこまでやると採算が合わないんです」

「ビジネスですから無駄な時間を使えないんです」

今までは、「ビジネスだから」という便利な言葉で簡単に片付けることができていましたし、相手も、「ビジネスだから」と言えば、「そりゃそうだよな」と思ってくださいました。

でもあなたが、応援団を作って見込み客の行列を作ろうと思うなら、きっぱりとこの言葉を捨ててください。

「ビジネスだから」という曖昧な体のいい言葉を使わないで、なんとか踏ん張ってみてください。そういう心構えで事に臨むと、周りの人からも特別な目で見られるようになります。

それが「信頼のオーラ」です。

そして、ユーザーに対して、そうした心構えで臨んだ行為は、「感動的なサービス」につながります。


「ビジネスだから」＝「お金」という構造が成り立つ世の中で、お金ではない「思い」で動いてくれたあなたは、相手にとって清々しい素敵な存在になります。ユーザーレベルでの口コミがおきるのは、このような「通常だったらしてもらえないサービス」を受けられたときです。


ディズニーランドに行くと「ビジネスなのに、どうしてそこまでやってくれるの？」という場面を見ることができます。この「ビジネスなのに、どうしてそこまで……」という驚きこそ、ディズニーランドにとってとても重要なことなのです。

「ビジネスだから仕方ない……」ではなく、「ビジネスなのにどうしてそこまでやってくれるの……」と言われるようになってください。

そうなれると、多くの人から自然に応援されるようになります。

一番遠い人を「ついついないがしろ」にしてはいけない。

人格者と言われる人は、「一番遠い人」にこそ丁寧に接しています。

「一番遠い人」とは？――ビジネスに直接関係ないけれど、いつもオフィスを掃除してくれている「掃除のおばさん」または、「ビルの管理人さん」や「警備のおじさん」などのことです。

あなたは「掃除のおばさん」とどのように接していますか？

大抵の人は、挨拶をする程度で「必要以上に人間関係を深めようとしていない」のではないでしょうか？　つまり「ついつい、ないがしろ」にしているのです。

実は、ここであなたの人間関係に対する「思い」がテストされています。

結論を申し上げます。応援される人になるためには、どのような人に対しても希薄な接し方をしてはいけません。

確かに、掃除のおばさんと関係を深めても、有力な情報が得られるわけでもありませんし、お客様を紹介してくれるわけでもありません。ですが、あなたが本当に人を大切にしたいのであれば、どのような立場の人とも「思いやり」の精神で、平等に付き合わなければなりません。もちろん、あなたが忙しいときにわざわざ「掃除のおばさんの無駄話を聞きなさい」と言っているのではありません。


しかし、あなたが「応援される価値があるかどうか」は、こうした「一番遠い人」とどう接しているかで大きく分かれるのです。

「あの人は、掃除のおばさんからも人気があって気さくな人なのよね」

「あの人は、どんなポジションの人とも分け隔てなく接している」

こういった人格的な評価は、評判になります。


評判も噂となって人の心をとらえます。「噂を信じるなんて」と言いながらも、噂の持つ力を侮ってはいけません。人は、噂を信じてしまう生き物です。社会の実体は、噂で大きく左右されます。そして噂は、こうした「一番遠い人」とどんな風に接しているかというう、一見ビジネスに関係のなさそうな些細な事柄に端を発するものです。

逆に考えてください。
「あの人は、仕事はできるんだけど、掃除のおばさんとか、宅配便屋さんとか、そうそうアルバイトの人なんかにも、なんだかいつも無愛想で威張っているのよね」と言われたらどうでしょう。

応援される人は、「忙しいと、ついついないがしろにしてしまうこと」「当たり前なんだけど面倒くさがってしまうこと」を人としての基本に返って実践している人たちです。

そんな「人格的な行動」は、周りにいる同僚や部下達が必ず見ています。そして、自然に「信頼できる人かどうか」を判断しています。

その証拠に、人格者は、いろいろな人から相談を持ちかけられます。

なぜなら **「人を大切にする人だから安心して相談できる」** と周りから信頼されているからです。もしあなたが、「自分は応援される人になっているかな?」と、客観的に知りたければ、**「人から相談を受けているかどうか」** で判断するのもいいでしょう。もし相談者が多ければ、あなたは間違いなく応援される人格を持っているということです。

相手が明らかに間違っている場面で、「正論」をふりかざしてはいけない。

応援される人になるためには「言ってはいけないこと」があります。

それは誰が見ても相手が間違っている場面で、「正しいこと」を言うことです。

そのときは、あなたが言うのでなく相手に「正しいこと」を気づいてもらいましょう。

そして、相手の口から自分で言ってもらうように導きましょう。

これは、子どもの教育と同じです。小学生ぐらいになると、子どもは自分で正しいことそうでないことの区別ができるようになります。子どもが悪いことをしてしまったときに、頭ごなしに「正しいこと」を言い聞かせようとする大人がいますが、これは逆効果なようです。

まずは、子どもの気持ちになって、そのときの感情を代弁してあげるのです。すると、子どもは、「自分の気持ちをわかってくれた大人」に対して、自ら正しいことを判断して口にします。
たとえば、ボール遊びをしていてガラスを割ってしまった子どもに対して、「どうしてガラスを割ったんだ！　あれほど、ガラスのあるところでボール遊びをしてはいけないって言ったじゃないか！」と言っても、子どもは、言い訳を並べ立てるだけで、反省しようとしません。ただ「責められていること」から逃れようとします。そして、「自分がいかに悪くないかということ」を説明し始めてしまうのです。

ところが、こういう言い方をすると違います。
「ガラスを割ってしまって驚いているんだね。さぁどうしようと思っているんだろう？」と、子どもの今の感情を代弁してあげるのです。すると、子どもは〈そうなんだ。割るつもりはなかったんだけど。ガラスのそばでボール遊びをしてはいけないんだね。ごめんなさい。すぐに片付けます〉と自らが悪いことを認め、その上でどうすればいいのかを話すようになります。

この話し方は、大人でもまったく同様です。相手が間違ったことを言っているときは、自ら気づいてもらうように導くことが、いい関係を築く一番の方法です。相手は、このよ

うに感情をうまくコントロールしてくれるあなたを見て「この人は、わかってくれる人」と感じてくれます。そして、そういう理解力があるあなたに親近感と信頼を持って接してくれるようになるのです。

また、普段は言ってもまったく問題ない「正しいこと」でも、「言ってはいけないタイミング」があります。

それは、応援団があなたのことを思って、様々な意見やアイディアを出してくれているときです。せっかくの意見や助言ですから黙って聞くようにしましょう。そういうときに相手の意見に正誤をつけると相手は気分を悪くします。

「正しいことがわかっているんだったら、自分で考えろよ！」となってしまうのです。

その意見が正しいかどうかより、あなたを応援してくれているという事実の方が大切なのです。そのこと自体に感謝して、黙って聞くようにしましょう。

「言ってはいけないこと」「言いにくいこと」「言ってはいけないタイミング」「正しいこと」の判断は、あなたの価値観が顕著に表れるところです。

マニュアル本に書かれているような正しいプレゼンのやり方でも、相手の気持ちを考えずにやるととんでもない結果になることがあります。

その場面、場面で、相手の立場をよく考えて、一つひとつの言葉を丁寧に伝えましょう。

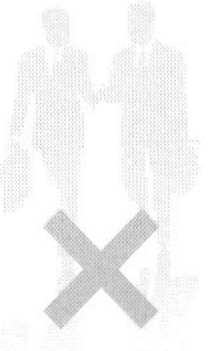

高級ブランドで身を固めてはいけない。
第一印象――メラビアンの法則

営業マンがお客様と面談するときに、話す内容やプレゼンテーションのやり方よりもっと重要なことがあります。

それは、相手に与える「第一印象」です。

ここで「メラビアンの法則」という有名な法則をご紹介します。

メラビアンという心理学者が、人と人が会って話すときに「受ける印象」を決定付ける要素を分析したものです。

相手方に与える印象の比率は、

「外見・態度…55%」「話し方・声…38%」「話の内容…7%」となっています。

この法則にあるように「話の内容」は、相手に与える印象にほとんど関係ありません。それよりも、態度や話し方の方が「受ける印象」の影響を受けやすいという結果になっています。

では、応援されるためには、どのような印象がいいのでしょうか？

一般的な印象でも、上位に位置する「清潔さ、誠実さ、明るさ」は必要条件です。**なかでも、応援される人ならではの要素が「謙虚さ」です。**

応援団は「謙虚さ」を好みます。

この「謙虚さ」という好印象を持ち続けることに、細心の注意を払ってください。

とくに、「高級ブランドで身を固める」という印象は良くありません。

たとえば歩合性の営業マンの場合、成績が上がると当然報酬が多くなります。そうなると、ブランド品を身につけたくなります。男性の場合は、まず時計や車です。しかし、こうしたブランド品は「天敵」と考えたほうがいいでしょう。

人は、自分より裕福な人を応援したいとは思わないものです。

ですから少しぐらい収入がアップしたからといって、身の回りのものをガラっと高級ブランド品で装うようなことをしてはいけません。どうしても変えたければ、見えない部分でやりましょう。

この「小さな成功」がくせものなのです。ちょっとした収入アップで謙虚な気持ちに緩みが出てきてしまうのです。気をつけてください。せっかく応援団を作ってがんばってきたのに、ここで応援団から見放されてしまうようなことになれば、今までの苦労が水の泡となります。

応援団は、あくまでも「成功していない」あなたを「成功させたい」と思っているのです。そして、成功しても「謙虚さ」を忘れない「初心忘るべからず」の精神でいるあなたを応援し続けてくれるものです。

印象の重要性を再認識して、身につけるものにも気を配ってください。

成功して収入が増えたのなら、応援団の方々に恩返しの印として何かプレゼントするのもいいでしょう。

同時に新たな目標をお伝えするとともに、応援の継続をお願いするのです。

「騙されたと思って…」と言ってはいけない。

応援される人がやってはいけない話し方があります。

それは「プロっぽい話し方」「丁寧すぎる話し方」「同調しすぎる話し方」です。

ある程度経験を積んだ営業マンは、自分の話し方に飽きてきてしまって、「わびさび」のない要点だけをうまく表現するようになります。これが「プロっぽい話し方」です。

この話し方は、言葉に魂がこもらなくなってきます。すると、人間味が伝わらないため、お客様から共感を得られなくなります。その結果「応援」ということからは、とても遠い位置に行ってしまいます。

応援される人になるためには、日々の出来事を純粋にとらえて、新鮮さを忘れないようにしましょう。よくセールスのノウハウ本では、「プロの話し方のマネをしましょう」と書かれていますが、応援される営業マンには、そのスキルは必要ありません。むしろ素人っぽさをなくさないように努力するべきです。その結果、みんなから共感され、長い間応援されるようになります。

また、「丁寧すぎる話し方」をする人がいますが、これは話の中身がない人が多いようです。丁寧なので第一印象はいいのですが、中身をカバーするために、どうしても「丁寧すぎる」対応をしてしまうようです。

この話し方は、メリハリがなく面白みに欠けるので、2回目以降の面談がガタッと減ります。**そして、もっと悪いのは、丁寧な話し方の割に、やっていることが丁寧でないこと。第二印象でマイナスになるというパターンです。**

まさに減点法で評価されてしまう対象です。結局のところ、「あの人は第一印象だけね」と陰口さえたたかれてしまいます。

丁寧な話し方をして「第一印象がいい」と思われることが多い人は、この点に気をつけてください。ただ、丁寧に話せばいいというものではないのです。「話す内容」と「行動」とのバランスが大事です。ちょっと見直してみてください。

営業マンは、「お客様の話をよく聞きなさい」と言われます。

ところが、聞きすぎてしまう人がよくいます。その上、こちらの主張を言えないままに終わってしまいます。これでは、「自信がない人」に見られるどころか、「頑張ろう」という意思すら伝えられません。その結果、相手の印象が薄く、忘れ去られるのがオチです。「同調しすぎる話し方」をする人は、もう一度セルフイメージを固めてください。あなたがなぜこの仕事をやっているのか、明確にしてください。小さな主張でいいのです。ハッキリとした意思を伝えるようにしましょう。

また、最後のキメの言葉として「騙されたと思って」という言葉を使う人がいます。それよりも「私を信じて」という言葉に代えましょう。

プロポーズをするときに「あなたを幸せにします。騙されたと思って結婚してください」とは言わないですよね。「あなたを幸せにします。私を信じて結婚してください」という気持ちでプロポーズするのではないでしょうか。

ここぞというときの営業マンの話し方は、プロポーズと一緒です。つねに真剣な気持ちで伝えきらないとだめです。

そのためにも、日頃から単語を一つひとつ注意して使いましょう。

×自己満足でする「与える行為」をしてはいけない。

「与える」ということを喜んでやる人がいますが、これは大きな誤りです。「また何を言い出すんだ」と思われるかもしれませんね。

確かに、与えることは、相手にとって喜ばしいことがたくさんあります。しかし、その目的が「相手の満足」ではなく「自分の満足」のためという人が結構いるのです。これはやめなければなりません。

最も気をつけなければならないのは、相手にとって「与えられる」ことが迷惑になっているにもかかわらず、相手の反応が悪いと「○○さんのためを思ってやったのに……」という文句が出てくる場合です。

あなたが誰かに親切でやってあげたことであっても、後でもしも文句が出てしまったら、少なからずあなたの中に、自己満足の部分があったことを認識しなくてはなりません。本当に「○○さんのために」ということであれば、自分のやってあげたことより、相手の満

足度のほうが気になり、「○○さんのためを思ってやったのに……」とは思わないはずです。

「自己満足のための与える行為」は、相手のためにも自分のためにも、結果的にはやる価値がありません。ありがた迷惑の行為は、逆効果として働き、いいことはないのです。

応援をしてくださる方にプレゼントをするなら、その人が本当に欲しがっているものを察知し、そのプレゼントをあげてください。そうすれば、もらった相手は心から喜んでくれます。サンタクロースを信じている子どもへプレゼントをする親のように、恋人に誕生日プレゼントをするように、よく贈り物を吟味して「自分の満足」ではなく、「相手の満足」のために「与えて」ください。

そうして相手が心から喜んでくれたなら、「苦労して買ってきた甲斐があった」と、あなたもうれしくなるはずです。

変なコンプレックスを持たない。

以前、女性が結婚相手として男性を選ぶ基準として3高「高学歴、高身長、高収入」と言われていました。

仕事においても同じです。「いい大学に入れば、いい会社に就職できて、そこで真面目に努力していれば、一生安泰」という考え方でした。

しかし、今はどうでしょう？　バブルの崩壊と共に「いい会社」の定義も崩れ、「安定ってなんだろう？」と改めて考えさせられます。

好感度、人間味といった応援される人のキャラクターという観点からすると「3高」は今や嫌味になる危険も多く含んでいます。

もっとも「高収入」という点については、多くのビジネスマンが目指すべき目標のひとつですが、一般的に「3高」という、勝ちすぎた人を誰も応援したいとは思わないものです。「3高」は、むしろ邪魔になることさえあるのです。

したがって、「3高」を持っていない人は、それをコンプレックスにするどころか、応援団作りの武器にしてください。

強烈なリーダーシップを発揮した田中角栄も、高等小学校しか卒業していないことを武器にして庶民派で親しみやすいキャラクターをアピールしていました。

反対に、すでに「3高」を持ってしまっている人は、応援団作りにハンディキャップを背負っているくらいの感覚を持って、極力、嫌味のない人を心がけなければなりません。

「自分は、大学も行っていないし……」と思っている人は、その本質を見直してみてください。ハンディキャップどころか、意外と優位に立てる要素になることに気づいてくださ い。変な「コンプレックス」を持つ必要はないのです。

「コンプレックス」を感じたらすぐに、「応援される人になるために」という価値観で照らし合わせてみてください。改めて「あなたらしさ」を自覚してください。

そうして、「私の応援団になってくれませんか?」と、お日様に向かって真っ直ぐ伸びるヒマワリのように告白してください。きっといい結果が待っていることでしょう。

第3章

積極的にやるべきこと。

○積極的にやるべきこと。

応援団を作るというイメージがなんとなくわいてきましたか？

この章では、「具体的にどうすれば応援されるようになるのか？」ということを解説します。

応援されるような人になるためにはどうしたらいいのか？

どういうことを積極的にやるべきなのか？

この章に書かれていることをヒントに、ご自身の日ごろの活動をチェックしてみるといいでしょう。

一つひとつの項目は、独立していますので、関心のある項目から実践してください。

とくにあなたが自ら「見返りを求めずに誰かを応援してあげる」と、この章のイメージが膨らむはずです。

ここでお願いがあります。ここに書かれていることを、すべて完璧にやろうと思わないでください。完璧を目指すと、どんどん行動が遅くなります。それよりも、少しでも実践して営業活動のヒントを得てください。そのヒントから、自分らしい応援される方法が見つかると思います。

相手が「なるほど」と納得できる仕事の選択理由を持つ。

「自分が、なぜその仕事を選んでいるのか?」という質問に、「なるほど」と言わせる理由があると、応援団が格段に増えます。

以前ガン保険のＴＶコマーシャルで、ある保険営業マンが「私がこの仕事をはじめたきっかけは、自分の兄がガンになったからなんです。そのときにガン保険の大切さをはじめて知りました。だからそれをみなさんにお伝えしたくて……」という内容です。

いかがでしょう。この営業マンがこの仕事を選んだ理由に「なるほど」と納得しませんか?　この「なるほど」に絶大な力があるのです。

はじめて聞いた人でも「信頼できそう」「信用できる」「真剣さが伝わる」「頼りになる」

「応援したい」と瞬時に思ってもらえます。

私の事務所にある生命保険の新人の営業職員さんが、飛び込みで営業に来たときのことです。若い女性が2人で「ご挨拶に参りました」とアポイントもなく、突然訪ねてきたのです。私は、個人的に生命保険の営業職の方を応援しているので、アポイントはなかったものの対応してあげました。この2人の女性は、笑顔で新人らしく挨拶していたので初々しく感じていました。

そのとき、この2人に尋ねてみました。

「この世の中にたくさんの職業がある中で、なぜ生命保険の営業職を選んだのですか?」

するとひとりの女性は、

「私は、就職活動を一生懸命やってきた中でどうしても、満たしたい条件があったんです。それが、大手企業で、営業職で、都内の勤務で、転勤がないことなんです。そうしたら、○○生命は、条件にぴったりだったので、入りました」と答えました。

私は、苦笑し、もうひとりの女性の回答を待ちました。すると彼女は、

「私は、母が同じ○○生命で営業職員をしているんです。小さい頃からよく母に届くお手

紙を見て、子どもながらに母の仕事って偉いんだなと思っていたんです。なぜかというとその手紙には、必ず〝ありがとう〟と書かれていたのです。本当にたくさんの方からお礼の手紙が届いていたんです。そのときに、生命保険って人から感謝される仕事なんだって思っていました。だから、おとなになったら絶対に母みたいになりたいって思いまして、母と同じ○○生命に入ったんです。今のこの立場が私の小さい頃からの夢だったんです」

と答えたのです。

私は、「なるほど！」と感動しました。最初の女性は、就職の条件を答えたのですが、後の女性は、夢がかなっている最中だと答えたのです。

あなたがもし私の立場だったら、どちらの営業職員さんを応援したいですか？

答えは歴然ですね。あなたの「なるほど」をもう一度よく考えてみてください。

あなたは、今の仕事を「なぜ？」選んでいるのでしょうか？

なんとなくその業界を選んだ人でも「やっていて良かった」と継続する理由が見つかる瞬間があります。その「本気でやりたい」「続けたい」、と思ったきっかけはなんですか？

その理由が明確になった瞬間に、多くの応援団があなたにエールを送り始めるのです。

思わず人に話したくなるような物語を作っておく。

人から人に言葉で伝わっていく噂は、「ストーリー性をいかに持てるか」ということが広がりの規模を決めます。

応援団の方が、人に紹介しやすい「製品のストーリー」を考えてください。

簡単に覚えることができて、わかりやすく、印象に残る物語である必要があります。もっと言うならば、**「思わずしゃべりたくなるような物語」**であればベストです。

確かにストーリー性がなくても、応援団であれば広げてくれる方もいると思いますが、「覚えやすい、人に話しやすい、わかりやすい」ということがあれば、たくさんの人に紹介してくれる可能性がグンと上がります。

ですから営業マンは、応援団の方々になんと言って人に話しをしてもらうか、その、覚えやすい、人に話しやすいストーリーをあらかじめ考えておく必要があるのです。

取り扱っている製品のエピソード、製造方法や買ったお客様の話などがいいですね。どれかひとつでいいので、紹介しやすい物語を見つけてください。

応援団が、あなたや製品のことを知人に紹介している場面をイメージしながら考えると、コンセプトがハッキリして、短くてわかりやすいストーリーが見えてきます。

たとえば、製品の話であれば、

「東ヨーロッパで不老の研究がもとになって作られた化粧品で、ダイアナ妃も使っていたそうです」という短いストーリーに。

製品の作り方であれば、

「このスープは30年受け継がれた秘伝の味噌を使って、職人が24時間、微妙な火力調整をしながら作った極上品です」。

買ったお客様のストーリーであれば、

「知人が糖尿病で、この健康食品を飲んだら、3ヵ月後に大幅に血糖値が改善されました」

など、簡単に覚えられるストーリーを応援団に伝えることが重要です。

ストーリーがなかなか見つからない製品の場合は、あなた自身の物語が一番有効です。

「私の人生の中で一番有望株の営業マンで、とっても誠実な人」と言われて紹介されれば本当にありがたいですね。

○本気度をしっかり示す。

あなたが自分のビジネスに対して、「いかに真剣で本気か」ということを相手に示さなければ、応援を得られないことは言うまでもありません。その「本気の度合い」は、自分の人生観や目標を熱く明確に語ることによって伝えられます。

そして、もうひとつ「本気の度合い」を伝えられる最大のチャンスがあります。

それは、**「思いがけない質問をされたときのしっかりとした返答」**です。

とくに「意地悪な質問」であったり、「普通は聞かれないような内容」を聞かれたときに、即答でキチンと答えられると、相手の方は「こいつは本気だな」と思ってくださいます。この効果は絶大です。

間違っても「なんて失礼な人だ」とか、「こんなことを聞くなんて嫌われてるのかな?」などと考えないでください。思いがけない質問をされたときは、あなたの目の前に「絶好のチャンスがやってきた！」と考えるべき場面なのです。

あなたは、以下のような質問をされたときに、キチンと答えられるでしょうか?

たとえば、「あなたは、お金のために仕事をやっているの？　3億円あげるって言われたら、あなたは今の仕事を辞める？」、「仕事と家庭のどちらかを選ばなければならないときに、どっちを選ぶ？」、「あなたの会社が倒産したら、この保証はどうなるの？」。

確かに変な質問です。「こんなことに答えて何になるんだ」と思われるかもしれません。ですが、この返答が素晴らしいかどうかということよりも、**この突発的に起きた「思いがけない事態」に「あなたがどう対処するか」というところが重要なのです。**

ここで、嫌な顔ひとつせずキチンと返答できると「こいつはなかなかだな！」と思ってくださいます。「そんなことまで答えられる営業マンを見たことない」と認められれば上出来ですね。

もちろん、答えられないような質問もあります。

そんなときは、ひるまず「宿題にさせてください」と答えるのがいいでしょう。

このように本気度が伝わるのは、普通ではないことが起きたときの対処です。つまり「思いがけないこと（質問）」が、あなたにとって「想定内であったとき」または「想定内のように振る舞えたとき」です。そのときに人は驚きと同時にあなたを真剣に受け止めようとしてくれます。ですから、応援される人になるためには、つねに思いがけないことへのチャレンジ精神を忘れないようにしてください。

○ いいお客様には「お客様の声（ユーザーズ・ボイス）の人」になっていただく。

すぐに商品を購入してくださるお客様がいます。

本当に商品ニーズがあって、心底納得してくださっているお客様です。

この場合、お客様の頭の中は、はじめから「契約することが前提」になっていますので「応援」という概念がまったくありません。

お客様は、純粋にその商品を気に入ったから契約しただけなのです。

こうしたお客様は、確かにいいお客様なのですが、説得や説明がほとんど必要ないので関係が希薄になりがちです。

このような場合は、応援団になってもらうのではなく、まず応援団の手前のポジションである「お客様の声の人」になっていただくようにしましょう。「お客様の声の人」とは、積極的に口コミをしてくれる人のことです。

この「お客様の声の人」になっていただくには、ちょっとした儀式が必要です。

ちょっとした儀式とは、お客様自身に「なんで契約したのか？」という理由を、深く、きっちり頭に刻み込んでもらう再認識へのステップを踏んでもらうことです。

お客様は「その商品を気に入ったから買っただけ」と思っているかもしれませんが、実はそのほかに、営業マンの対応が良かったり、会社の電話の対応が良かったりなど、あまり気にしていない部分でも「良かった」と感じていることがあるものです。

そこに改めて気づいてもらい、さらに印象を深めることによって「お客様の声の人」になっていただくのです。

この儀式にいちばん適した方法は、アンケートです。


お客様が「なぜ」「この商品を」「この会社の」「この営業マンから」買ったのかということを改めて気がついてもらえるような質問を用意し、回答していただくのです。

ただし、ここで間違えないでいただきたいのは、このアンケートは、あくまでも「お客様に再認識してもらうツールである」ということです。

あなたの会社や、あなたがリサーチしたいことに答えていただくものではありません。リサーチは別の機会にしてください。

このアンケートの最後に「この商品を誰かに伝えるとすれば、どなたに話しますか？」という質問を必ず添えておくことがポイントです。

そしてその紹介者に「推薦カード」を渡してもらうようにお願いするのです。

単純に「お願い」だけでは、お客様に動いていただけません。お客様のメリットを用意してください。

たとえば、紹介を受けたお客様が推薦カードを持参されたら、そのお客様と紹介してくれた元のお客様のお2人に粗品を差し上げるというような、「ちょっとしたメリット」でいいのです。このメリットをつけておくだけで、紹介率は飛躍的にアップします。

そのお客様とコミュニケーションを深め、さらに紹介していただけるようになったら、もう「応援団」になっていただいたのと同じ状態になります。

もっとも、複数紹介してくださるお客様は、あなたを「応援してあげたい」と思っているものです。ですから2人目の紹介が出た段階で、改めて「応援団になってください」と、率直にお願いしましょう。快く応援団を引き受けてくださるはずです。

思いがけないサービスでギャップを演出する。

ある寡黙（言葉数が少ない）なトップ営業マンの話です。

彼は「話すこと」があまり得意ではありませんでした。でも、それをカバーするために日々「人に喜ばれる方法」を研究していました。その中のある方法が自分にぴったりで、そのお陰で、今では多くの応援団を抱えたトップ営業マンになったのです。

その彼のやっていた方法は単純です。

「人と約束をするときに低めの約束をして、その約束を果たすときに、少しだけ高く、それも確実にやってあげる」ということです。

たとえば、3日で回答できそうだと予測した事柄に「1週間後に回答します」と少しだけ余裕をもった約束をするのです。実際には3日で回答をすることで「思ったより早く回答がきた」と相手に喜んでいただくのです。

この方法を「ギャップの演出」と言います。

人は、期待していなかった思いがけないサービスを受けられたときに、その感動を必ず誰かにしゃべりたくなります。このしゃべりたくなる衝動の裏にあるのが「ギャップ」です。期待していなかったという「低い位置」から、思いがけないサービスという「高い位置」にもってこられたギャップがあったのでしゃべりたくなったのです。

冷静な事実として、「期待していなかった思いがけないサービス」というのは、「質の高いサービス」ではなく「驚きのサービス」です。

「はじめから期待していたサービス」は、期待していたのですから「あたり前のサービス」に過ぎません。彼は、この方法を自分なりに応用して、相手に喜んでもらえるように努力していたのです。

その彼のギャップを味わった方が人から人へと伝え、彼を応援する人がたくさん現れたのでした。もちろん、なんでも「低めの約束をすればいい」というものではありませんが、大抵の営業マンは、話しが上手でお客様に「期待させすぎてしまっている」傾向にあります。

肝心なサービスを提供するときに「言っていた内容以下」でしかないことが多いものです。それでは、お客様の満足度は「当たり前」の域を出ず、人に紹介するということがないのです。

この寡黙なトップ営業マンのように、相手に「驚きのギャップ」を感じてもらうために、少し低めの約束をしてはどうでしょうか。

「口頭で言っていた見積金額より、実際の見積書の金額を下げて提案する」とか、「当初回答していた納期よりも実際には早く納品してあげる」など小さなことでいいのです。

お金の返済でも同じです。約束の返済期日より早く「ありがとうございました。少しでも早くと思いまして……」と返済すると、そのギャップに信用は増大します。

このような小さな喜ばれるギャップの繰り返しでいいのです。

その心配りに感動し、お客様も応援団も、満足以上の驚きで、あなたをどんどん人に紹介してくれるようになるのです。

「生きている目的」や「人生の価値観」を明確にしておく。

「あなたの生きている目的は何ですか?」

この質問に明確に答えられる営業マンはどれぐらいいるでしょうか?

あなたは、答えられますか?

応援団を作る営業マンは「生きている目的を明確にすること」が必要です。

なぜなら応援してくださる方々は、あなたの扱っている商品というより「あなた自身」に最大の関心を寄せて見つめているものだからです。

様々な場面であなたの「生きる目的」や「価値観」に興味を持ち、確認しています。とくに、人生の達人とでも言うべき実力者や、人生に深い考えを持っている方は面談時に「鋭い洞察力」であなたを試しています。「この人とこの時間を共有する価値があるかどうか?」と。応援してくださる人は、年齢も性別も様々です。

そうなると、あなたがある一定レベルの理解力や考え方を持っていないと、相手の話についていけなくなることがあります。

とくに実力者達は、時間を無駄にしないために、それなりのキーワードを持って接する人を選んでいます。そのキーワードに気がつかないでいると、相手の懐に入ることができません。つまり、応援は得られないわけです。ところが、こうした深い考えを持っている実力者のテストに合格すると、とても強力な応援団になってくれます。

大事なことは、普段はあまり考えないかもしれない「生きる目的」というテーマを考えて、明確な言葉にしておくということです。今まで考えたことがなければ、今すぐ考えてみてください。それを紙に書いてみてください。そして、その紙を毎日見ることをお奨めします。

ちなみに私の場合は、「家族との幸せを求め、また出会う方々と多くの幸せを分かち合うために生きています」です。

目的が定まった人は、次にセルフイメージを高めてください。「自分は○○のために生きている」という気高い貴族のような気持ちでいるのです。すると、小さなことが気にならなくなってきます。

そうなると人から好かれやすい人格が形成されます。ぜひやってみてください。何も損はしません。実行してみるだけです。そして結果を冷静に受け止めてみてください。

次にある程度のレベルに達した人が受けるテストがあります。それは「お金」に関するテストです。内容は「お金」とあなたの「価値観」とを天秤にかけなければならないようなものです。そのときに、あなたがどちらを選択するかが問題です。

たとえば、次のケースを考えてみてください。

あなたは、生命保険の営業マンです。あなたは最近、収入が少なくて困っていました。そのようなときに、あるお客様が生命保険を契約したいという嬉しい申し出です。

Aという商品は、あなたの報酬が高くなりますがお客様にとって少しだけふさわしくない契約。Bという商品は、よりお客様のためになるのですが、あなたの報酬が少なくなります。お客様には、AとBの違いがまったくわかりません。この場合あなたは、どちらの商品をセールスしますか？

はい、このときにBを選ぶことが当然ですが、少しAを売ろうかと迷いませんでしたか？　ここで迷わずBと言える価値観が大切です。

「お金は、必要だけど重要ではない」のです。**重要なのは「生きる目的」であり、あなたが日頃から考えている「人生の価値観」です。**

ここで迷わなければ、必ず素晴らしい方々とめぐり合えます。

その結果、お金も後からついてくるようになります。それが本当の「生きたお金」です。

過去形で目標をすべて達成したプロフィールを書く。

応援される人になるために、セルフイメージを高めてください。セルフイメージとは、自分が自分に対して持つイメージです。セルフイメージが高い人は、そのイメージどおりに振る舞うことができます。

逆にセルフイメージが低い人は、それなりの振る舞いしかできません。パーソナル・ブランディングとは、「他人がどのようにあなたをイメージしてくれるか」ということでもあります。あなたが自分で自分を低く見てしまうと、周りからどのように見られるでしょうか？　答えは「低く見られるどころか、あなたの存在にさえ気がつきません」。

逆に高いセルフイメージを持った人は、どのように見られるでしょう？

こういう方は、どのような状況でも受け止めるという、どこか固い決意と冷静さを兼ね備えた余裕を感じさせ、それが嫌味でなく、人の印象に残ります。

この「人の印象に残る」ということからパーソナル・ブランディングが始まります。

ここでセルフイメージを高め「人の印象に残る」存在になるための簡単な方法をお教えします。それは、**目標をすべて達成してしまった後の最高のプロフィールを書くこと**です。

プロフィールですからすべて過去形です。

「私は35歳で○○売上全国1位を獲得した」、「私は独立後、○○株式会社を設立し5年後に上場した」、「41歳でハワイに別荘を持った」などなど。

「○○を目指してます」などという言葉は使いません。この過去形で書いておくということがポイントになります。

人の脳は、鮮明にイメージができると、現実と夢の違いを判断できなくなるそうです。

ですから、すでに成功した後のイメージで自分がいるとそのように振る舞えるようになってしまうのです。その「成功した自分」を脳に刷り込む作業を、「プロフィールを書く」ということで行うのです。完成したプロフィールは、つねに持ち歩いてときどき眺めるといいでしょう。この手法の効果は絶大です。

セルフイメージを高める方法として、「自分の目標を達成した後の姿を過去形で紙に書く」という手法は、ありとあらゆる成功者が行った実証済みの方法です。

ぜひ実践してください。

「幸せな成功のための3つの目標設定」を考える。

成功者はよく「目標を決めなさい。目標設定は、成功するために必要不可欠なこと」と言います。応援される人になるためにも、当然目標設定は大切です。

ここで「幸せな成功のための3つの目標設定」という概念があることを知ってください。

幸せな成功のための３つの目標設定

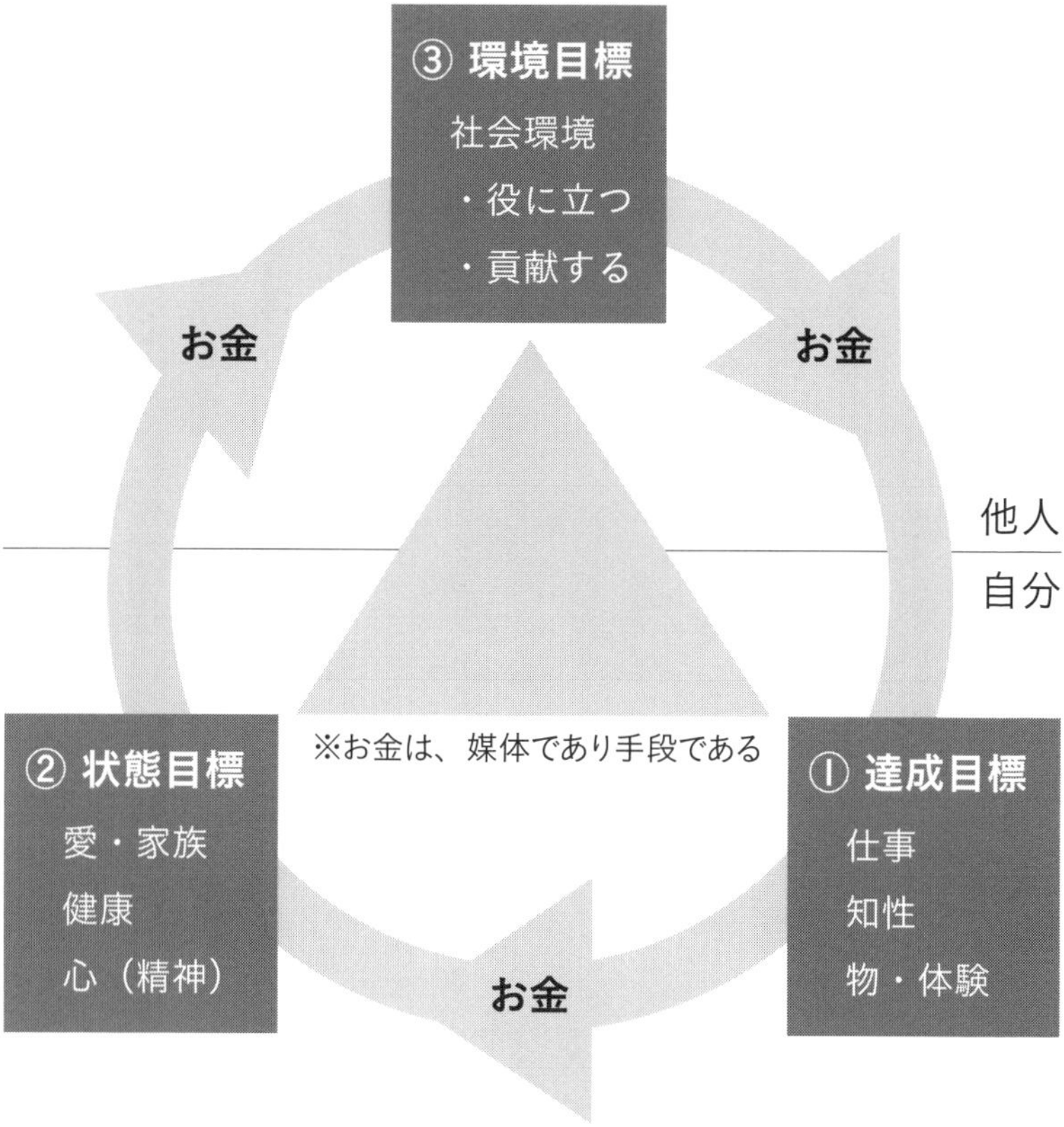

これは、通常の目標設定に加えて捉え方を3つに分類することによって、より行動しやすくしたものです。

目標を7分野「仕事」「知性」「物・体験」「愛・家族」「健康」「心」「社会環境」に分けて設定します。

この7分野とは、**「お互いに補うことができない目標分野」**です。

これらの一つひとつの分野に対して、明確な目標を設定することでバランスをとることができるのです。

そして、この7分野を図のように3つのグループ「達成目標」「状態目標」「環境目標」に分けてそれぞれの関係について理解し心に深く刻みこむのです。

まずは、7つの分野について解説します。

大抵の人は「会社を上場させてお金持ちになる」「世界一周旅行をする」「エベレストに登る」というような目標を設定します。

この「やりたいこと」の設定は正しいのですが、この目標を達成しても幸せでないことがあります。目標を達成したときに「これで私は本当に幸せなのか?」と疑問を持ってしまうのです。

もちろん、「お金持ちになる」という設定をした人がお金を持てるようになると、しばらくの間は本当に「なんて自分は幸せなんだ」と感じていますが、本当に充実した幸せを得られたかというと、意外とそうでないことに気がついたりするのです。

つまり「お金持ち」には、幸せなお金持ちとそうでないお金持ちがいるのです。

どういうことでしょうか?

たとえば、お金持ちになりたい動機として、「家族を幸せにするために」ということが根本にあったとします。

ところが、仕事が忙しくなってくると、本来幸せにするはずであった家族をないがしろにしてしまうことがあるのです。

その結果、逆に家族から相手にされなくなってしまい、成功してお金持ちになった頃には、家族を失っていた、もしくはそれに近い状態になっていたという「ビジネス成功者」が多くいるのです。

そのときになってはじめて「私はなんのために苦労してお金持ちになったんだろう?」

と気がつきます。
「仕事やお金」と「家族」のバランスをうまく調整しなければならなかったのですが……遅すぎた気づきです。

このように**「家庭の失敗を仕事やお金で補うことはできない」**ということを知っておく必要があります。その上で目標を設定しないと、後で「不幸せな成功者」になってしまいます。このように目標は、お互いに補うことができない7分野に分けて、設定することが大切です。

次に、3つのグループ「達成目標」「状態目標」「環境目標」について簡単に解説します。

達成目標とは、達成すれば目標としていたものがゴールとなる分野です。

項目をよく見て想像してみるとわかるはずです。

たとえば、「物・体験」の分野で「フェラーリを購入する」と目標を立てていたとします。あなたは、フェラーリを購入した段階でこの目標は達成してしまいますので、目標から消えることになります。

そして、新たな目標を設定し直さなければなりません。

このように達成してしまえばゴールという分野、「仕事」「知性」「物・体験」を達成目標と言います。

状態目標とは、たった今から生涯にわたって、維持し続けなければならない目標です。つまり、その状態を達成したからといってゴールではなく、つねにその状態であり続けることが大切な項目です。

同時にこの項目は、すぐにでも達成できることでもあります。

具体的に「愛・家族」の項目で「つねに家族が仲良く気持ちよく生活する」と目標を立てたとすると、今からすぐにでもできますが、その状態は、一生涯あり続けたい状態です。

状態目標は、この3分野「愛・家族」「健康」「心」で構成されます。

環境目標とは、社会環境に関わる目標です。この項目は、「日頃の環境」と「携わっている社会」がどうあって欲しいのか、また自分がどのように貢献していくのかということを目標にするものです。

この目標は、恵まれた環境にある日本人には少し考えにくい項目ですが、東日本大震災が起きたので改めて気付かされた人が多いはずです。

自分だけがビジネスで成功することはあり得ず、周りの社会環境が整ってはじめてビジネスが成り立つのです。

その項目をしっかりと自分のビジネスと結び付けて考え、目標設定するのです。

そうすることで、視野が広くなり、大きなビジネスの発想になります。

多くの大成功者は、この項目を重要視しています。必ず、社会のためになるということを目標にしているものです。


ここで「お金」が目標の項目にないので気になる方もいるでしょう。お金は、図に示したように媒体であり手段です。それぞれの目標を設定し、それを数値化したときに、いくらのお金が必要になるか考えたらいいでしょう。

逆に言えば、目標が決まっていないのに漠然と欲しいお金を設定しても意味がありません。なぜそのお金が欲しいのか?

その答えは、目標設定の各項目にあるのです。

まずは、各分野の目標を設定してください。その後で必要な金額を計算してください。

以上簡単に説明いたしましたが、目標設定については、奥が深く、専門書も数多く出ています。この分野を極めたい方は、ぜひ本を読んだり、セミナーに参加してみたりするといいでしょう。

目標設定は、ひとりの営業マンであっても、意識して活動するのと、そうでないのとでは雲泥の差がつきます。

もっといえば、ビジネスマンだけでなく、すべての人に必要な要素だと思います。

ぜひ、多くの人の見本となるようないい目標を立ててみてください。

「小さなオーラ」を出すように心がける。

応援される人になるためには、「小さなオーラ」を出すように心がけてください。

「オーラ」と聞くと特別な人が発していて、自分には出すことができないと思うかもしれません。もちろん、誰の目にもわかるような強烈なオーラを出す方がいますが、応援されるためのオーラは、そのような強烈なものではありません。

「この人といると、なんとなく幸せな気分になる」「この人の周りにはいつも笑いがある」「この人と会うと心を洗われるような気持ちになる」というような、「なんとなく」感じるオーラでいいのです。

この「小さなオーラ」を出すにはちょっとしたコツがあります。

それは**「自分と関わるすべての人を幸せにする」**と心に決めることです。

「また、変なことを言っているな」と思うかもしれませんが、これはひとつのおまじないみたいなものです。

人間は、どうしても他人よりも自分のことを先に考えてしまいます。

「他人の幸せ」より「自分の幸せ」を願うものです。これは、仕方のないことです。しかし、この思いが強く出すぎると「あの人は自分のことしか考えない」と思われて、他人から敬遠されます。

応援されるどころか敬遠されてしまっては、成功はありえません。

ですから、強くなりすぎて伝わってしまう、自分だけの幸せという「マイナスのオーラ」を「プラスのオーラ」に変えるおまじないが、「自分と関わるすべての人を幸せにする」

と心に決めることなのです。

人は、心の片隅で考えていることがなんとなく伝わってしまうものです。

それがここで言うオーラです。とくに「応援をお願いする」という立場では、「自分が幸せになるように応援してください」とお願いしているようなものです。

もちろん、自分が幸せになりたいのは間違いないのですが、関わって下さる方々も幸せにしていきたいという思いが同時にあれば、「応援する価値がある人」として相手の目に映ります。そうすると応援されやすい人になります。

ですから、小さなオーラでいいので「他人の幸せを願っている」ということを、自分自身にも刻み込まないといけません。

つまり「自分だけの幸せ」というものは、この世には存在しないのですね。

応援されるためには ウソをつきましょう！

ウソをつくことはいいことです。

応援される人になるためには、たくさんの「ウソ」をつきましょう。

もちろん相手を陥れる、人を欺くウソはいけません。また、リップサービスのようなウソのことでもありません。

応援される人になるための「ウソ」とは、相手に気を配った「思いやりのウソ」でなければなりません。つまり、「自分の得のためでなく、相手の得のためにつきましょう！」ということです。

しかし、この「思いやりのウソ」というのは、ウソの内容はもとより、ウソをつくタイミングもとても重要です。

相手に気づかれないように、いいタイミングで上手につかなければ意味がありません。

応援される人になるためのテクニックとしては上級編です。

たとえば、お客様が女性であなたが男性だったとします。

お話の途中で相手の女性のお腹が「ぐぅ～」と鳴ってしまいました。

それに気がついたあなたは「すみません、朝から何も食べていないもので……」と、あたかも自分のお腹が鳴ったかのように先に謝ってあげるのです。

もちろん、明らかに相手のお腹が鳴っているとお互いにわかった場合には通用しませんが、空腹時の「ぐぅ〜」は、自分のお腹が鳴っているのか、他人のお腹が鳴っているのか区別つかないことがよくあります。

そんなときに、相手に恥をかかせないように配慮してあげるのです。

あなたがそう言った後に、「今のは私のお腹ですよ」と言われても、笑い話になって「いやー、てっきり僕なのかと……アハハ、じゃあ何か一緒に食べますか」と、結果オーライになります。

おそらくこの女性は、その和やかなエピソードの中で、自然にあなたの応援団になってくれることでしょう。

このように相手を思いやったウソをつけるようになると、応援団作りに拍車がかかります。

また、逆に相手があなたを応援するためにウソをついてくれることがあります。

でもそのときにあなたは、それが「自分への応援のメッセージだ」と気がつかないといけません。

実例をご紹介しましょう。

ある健康食品の営業マンがいました。その営業マンは知り合いのある会社の社長さんに、この健康食品のお客様になってもらおうとセールスに行ったのです。社長は快く買ってくださいました。そして、1ヶ月後リピートしてくださって「お陰で調子がいいよ」と言ってくださいました。

ところが、この社長は、医者から言われて健康食品を飲んではいけない体だったのです。ですから、その商品も飲まずに、奥様にあげていたのでした。

その奥様は「お陰で調子がいい」と言っていたので、あたかも自分が飲んで調子がいいかのように言ってくださっていたのでした。


これは、営業マンのためについてくださった善意のウソです。

こんな「思いやりのウソ」は感動的です。

こんな「思いやりのウソ」をいっぱいついてください。

もし、この社長が正直に「私は健康食品を飲んではいけない体なんだ」と話しをしたらどうでしょう?

この営業マンも「それならば仕方がない」とあきらめることでしょう。

ところがこの社長は、応援してあげたいと思っていました。

だからといって付き合いで購入しても、恩着せがましいし、逆に傷つくかもしれないと思ったのです。

だから、あえてウソをついて、飲んでいる振りをしてくれたのです。

このように、深い考えと配慮を持って接してくださる方がときどきいらっしゃいます。

そのご厚意に気がつかず、額面どおりになんでも受け取っていると、あなたは浅い人になってしまいます。深い考えの人に応援されるには、少なくとも「自分も配慮のある深い人になろう」と目指さないといけないのです。

○「甘えない」と心に決める。

「甘えること」と「厚意を受け取ること」とはまったく違います。

甘えることは、自ら努力をせず、遠慮もプライドもなく、相手のしてくれることを期待しているだけの他力本願な状態を指します。

それに対して、厚意を受け取ることとは、日頃から努力を惜しまず、相手のしてくれる親切を無駄にしないように気を配り、感謝して受け取ることを指します。

この2つは、一見似ていますが、本質的にまったく違います。

もちろん、人によっては「どちらも結果的に同じようなものだ」と思われるかもしれませんが、「怠け心」の有無で分けて考えてみると明らかになります。

応援されるかどうかという観点で見ると両者の違いは歴然です。

「天は自ら助くる者を助く」と言います。神様は、自らがんばっている人にこそ援助の手を差し伸べるということです。

応援されるということは、確かに他者から援助してもらうことなのですが、自助努力をしないで援助を当てにしているような人を、人は応援したくはなりません。ですから、応援される人になるためには「甘えない」と心に決めなければなりません。

「甘えない」と心に決めている人は、凛としています。

人は、凛とした人を応援したくなります。

厳しくても立ち向かおうとする姿勢が見えるからです。

だからといって、凛としすぎて片意地を張っているのも、よくありません。凛とする一方で好意をありがたく受け取る心の準備もしましょう。

「甘えの精神」を持ったまま応援をお願いすると、相手の方からは「利用されている」と思われてしまいます。そんな人は「質の低い人」として目に映り、「応援する価値のない人」としての烙印を押されます。

一度この烙印を押されると、信用を回復するのは、不可能に近いといっていいでしょう。

そうならないためにも、応援をお願いする面談の前には、まず「甘えない」と声に出してみたらいいでしょう。

ワンランク上の自分でいるクセをつける。

今の立場より、ワンランク上の立場でいるクセをつけてください。

係長なら課長の振る舞いを、課長ならば次長の振る舞いを、次長ならば部長の振る舞いをするように心掛けるのです。もちろん、この行動には社内のルールなどがあって実行できることとできないことがありますが、気持ちがワンランク上でいるかどうかであなたの成長度合いに大きく差が出てきますので、ぜひ心掛けてください。

また、社内の立場だけでなく、将来独立したいと考えている営業マンであれば、つねに起業家のつもりでいてください。きっと見えてくるものが違います。

たとえば、給与明細にある「社会保険料ってどうやって決まるのか？」「源泉徴収税ってどう計算するか？」をご存知ですか？　この程度のことは、経営者なら誰でも知っている知識です。ところが、サラリーマンをしていると「どうやって税金を計算するか？」なんて気にも留めていないものです。

でも、あなたが将来独立したいのであれば、独立後の自分をイメージしながら仕事する必要があるのです。そうすると問題意識も変わってくるのが自覚できるはずです。

問題意識を変えたら、次はそれを「習慣化する」ということです。

人間は習慣の動物です。つねに振る舞っていることが習慣化されて、あたかも本当にそ

の立場であるかのような能力が備わってきます。そこに成長のコツがあるのです。

ワンランク上の姿は、初めはなかなか板につきません。

ですが、毎日の積み重ねで必ず習慣化されます。すると自他共に認めるワンランク上の存在になることができるのです。

この「ワンランク上の自分でいる」ことには、もうひとつ大事な要素があります。

それは、ワンランク上の自分にチャレンジしている姿を周囲が見ることで、たくさんの応援が集まってくるということです。

純粋に真っ直ぐな気持ちでチャレンジしている姿は、人々にまぶしく映ります。

そのまぶしさは、あなたの目的が「純粋な気持ち」であればあるほど、応援を集める求心力に変わってきます。

ですから、「ちょっと無理かな」と思ってしまうようなワンランク上の目線にも、信念を持って積極的にチャレンジしてみてください。そして、そのまぶしさを振り舞いてください。

きっと応援の声が大きくなることでしょう。

○「迷惑をかけないようにしよう」ということをやめる。

人には、どんどん迷惑をかけましょう。

「人様に迷惑をかけてはいけません」と教育を受けた方が多いと思います。これからは、その言いつけを破ってください。「迷惑をかけないようにしよう」ということをやめてください。どんどん迷惑をかけましょう。そして、その10倍の恩返しをしましょう。

さて、なぜ「迷惑をかけないようにしよう」ということをやめるのでしょう?

それは、「迷惑をかけないようにしよう」とすると、何事にも萎縮してしまうからです。すると能力が充分に発揮されません。応援団形成型セールスは、ビジネスでは、「大胆な発想」と「緻密な計算」そして「丁寧な行動」が必要です。

その大胆な発想をすることの妨げになるのが「迷惑をかけないようにしよう」という萎

縮した考えです。どうせ考えるならば「迷惑をかけないようにしよう」という消極的な考えでなく「幸せにしよう」という積極的な考えでいるべきです。

人は誰でも、多かれ少なかれ人に迷惑をかけています。「迷惑をかけないようにしよう」と思ったところで、絶対に誰かに迷惑をかけているのです。もちろん中には、本当に人に迷惑をかけずに生きたほうがいいという人もいると思いますが、ビジネスの世界にいる人は、人との接触が多い分、迷惑をかけている可能性が高いものです。

あなたがいることで、多くの人に迷惑をかけることでしょう。ですが、その分多くの幸せを返すという気持ちでいればいいのです。「かけた迷惑の10倍の恩返しをする」という積極的な姿勢でいることが重要です。

そのような人の態度は、見ていても気持ちがいいものです。その気持ちよい積極的な姿勢に応援団が集まります。

逆に「あれをやるとこの人に迷惑がかかる」「これをやるとあの人になんて思われるかわからない」という発想で何もしない人を、応援しようと思う人はいません。

雨の日は、営業日和。

雨の日は、応援される営業マンにとって最高の営業日和です。

一般的に雨の日に営業することは、あまり効率的でないと思われています。確かに「契約」という観点で見ると、雨の日は心理的にマイナス傾向になり契約率が低いといわれています。ですが、「応援」という観点でいうとこれほどいい日はありません。なぜなら、

- **雨の日は、外出率が低くなるので、相手との面談時間が長く取れる可能性が高くなります。**
- **お客様もなんとなく仕事モードでないことが多いので打ち解けるチャンスです。**
- **何よりも「こんな雨の中すみませんね」とか「雨の中ご苦労さま」などとねぎらいの言葉をたくさんかけてもらえます。**

だから雨の日は、どんどん営業に出るべきです。雨の日なので面談時間が長くなりがちですが、そこを上手く調整しながら、雨の日面談数の新記録に挑戦してください。どれだ

けの数を回れたかが勝負になります。できるだけ多くの人に、頑張っている姿を見てもらうのです。ただし、雨の日の営業では、いくつかの注意点があります。

考えると当たり前のことばかりなのですが、改めて書いておきます。

車での営業の場合、街中の交通量が増えますので、移動時間を計算してアポイントを入れる必要があります。ここで「雨だから」という理由で遅刻をすると、せっかくの行動が逆効果になってしまいます。

また、雨でカバンや服が濡れますので、お客様と面談する前に拭いておく気配りが必要です。いくら雨だからといっても、ずぶ濡れではイメージが良くありません。

とくに個人宅に訪問する場合は、濡れた身体で入ることはご法度です。

レインコートを羽織るなど雨の日対策を万全にしておきましょう。

タオルを1枚余分に持って、キチンと拭いてお客様の前に現れると、あなたの心配りに相手は大変好印象を持ってもらえます。

できれば紺や黒などの濡れた部分が目立たない服装をおすすめします。

このように雨の日は、気配り次第で応援されるチャンスがいっぱいあるのです。

人が見ていないところで「陰の努力」をする。

ある新聞配達員の実話です。この配達員は、新聞をポストに入れる際に「おはようございます、○○新聞です」と小さな声でつぶやきながら配っていました。新聞が配られる時間帯は、寝ている人がほとんどですし、仮に起きていたとしても家の中にいる人にこの挨拶の声が聞こえるわけがないのです。**それにもかかわらず、その配達員は、毎朝「おはようございます、○○新聞です」と挨拶をしながら一軒一軒配っていたのです。**

この挨拶には、いろいろな深い意味が込められていると思います。

「いつも○○新聞を読んでいただいてありがとうございます」

「おはようございます。今日もいい朝を迎えられることをお祈りしています」

といったメッセージが伝わってきます。そしてこの挨拶を、ある朝たまたま聞いてしまったお客様がいました。そのお客様は配達員の姿に感動しました。もちろんこの配達員が代わるまで、その新聞を変えることはなかったというのは言うまでもありません。

このように誰も知らないところでやっている「陰の努力」には、2つの大きな効果があります。

ひとつは、自分自身に対する決意を強固にするというものです。人が見ていない、誰も知らないところでやっている努力なわけですから、その行為自体にはなんの評価もなく、結果を出すしか認められることはありません。すると、必ず結果を出す！　という強い決意が育まれます。この決意は「あきらめない」という決意になります。失敗は、あきらめた瞬間に訪れます。逆にあきらめないということは、必ず成功に向かうのです。

さらに、もうひとつの効果として、「陰の努力」がたまたま他人の目に留まった瞬間には、感動とともに根強い応援が得られます。

もちろん、応援してもらうためのテクニックとして「陰の努力」をちらつかせることは問題外です。心の底から自分自身のため、そしてお客様のために純粋な動機によって努力はなされなければなりません。絶対に見つからないように陰でやってください。

たとえ「陰の努力」が応援団に見られなくても、人は感じるものです。そういう態度は、普段の行動に現れ、応援団は自然にそういう「真摯な姿勢」を察知します。その姿勢を察知した人は、必ず応援してくれます。

そういう意味で、真の応援団を作り上げるためには「陰の努力」は必要不可欠なのです。

応援団には感謝の気持ちを積極的に表す。

応援団の中でも、とくにお世話になっている応援団に対しては、「気の利いたプレゼント」で感謝の気持ちを表してください。

この「気の利いたプレゼント」は、お歳暮やお中元のように一斉に贈るモノでなく、応援団一人ひとりのために個別に用意し、それぞれのベストなタイミング（誕生日とか記念日など）で贈るモノがいいでしょう。

「気の利いたプレゼント」を贈るためには、相手の好みや喜ぶだろうと思われる品物を具体的にリサーチしておく必要があります。そして、その内容をプレゼントリストにしておきます。リストには、「商品名」「おおまかな金額」や、服や靴などサイズが必要なモノでしたら「サイズ」もそれとなく聞き出して書いておきましょう。

次に大事なことは、「いつ贈るのか」というタイミングです。

とくに誕生日や結婚記念日に贈る場合などは、当日を過ぎてはいけません。

当日渡せない場合でも、少なくとも前日までにお渡ししましょう。

そのほか、相手の方が何か成果を出されたとき、逆に落ち込んでいるとき、そうした節目節目のタイミングに贈り物をするようにしてください。

「気の利いたプレゼント」は、高価なものを贈る必要はありません。高価なモノは、相手にも負担になってしまいます。安くてもまさに「気の利いた」モノを贈るのです。

「なんだ〜、そんなことか〜」と思われるかもしれませんが、そんな簡単なことですら、実行している人はほとんどいません。

つまらないことでも、実行するかどうかであなたの置かれる環境が大きく変わってきます。「気の利いたプレゼント」は「百識は一業にしかず」、百の知識があってもひとつの行動にはかなわない、ということです。

最近はいろいろと便利になった反面、「血の通った温かみのあるもの」が少なくなりました。年賀状、挨拶状、お中元、お歳暮なども、どこか温かみに欠けたありきたりのモノになってしまいがちです。そういう時代だからこそ、少しだけ受け取る側の気持ちを考えたプレゼントで「感謝の気持ち」を伝えましょう。

応援される人になるためには、人と同じように「形式的な贈り物」をしていてはダメです。少しでも印象に残るような工夫を考え、実行してください。

○オンリーワン性を身につける。

オンリーワン性を持つと、応援団があなたを人に紹介しやすくなります。

「○○さんは、△△の分野では相当のやり手らしい」「△△のことなら、まず○○さんに聞いてみたらいいよ」などと、すぐ話題にのぼります。

それから、もうひとつのメリットは、「人の役に立つことができるようになる」ということです。どういうことか説明しましょう。

あなたが自分自身に、オンリーワン性を見つけることができるようになると、他人のオンリーワン性にもよく気がつくようになります。

相手のオンリーワン性を見つけてあげられたときに、それをちょっとした会話で伝えてあげてください。そうすると相手は本当に喜んでくれます。

たとえば「あなたは自分では気がついていないかもしれないけど、○○の力は本当に凄いよ。○○に関しては、私が今まで見た人の中であなたが一番だよ」という感じで教えてあげるのです。この言葉は、どんなほめ言葉よりうれしい言葉になります。

この喜びは、いろいろなところに伝わることでしょう。あなたが元になった「幸せ病」が伝染していくのです。


多くの人が個性を見失っていると言われている現在、「オンリーワンを見つけよう」と様々なところで叫ばれています。SMAPの「世界に一つだけの花」が大ヒットしました。この歌も「オンリーワン性」がテーマになった曲です。

誰もがわかっているけど、誰もが欲しいけど、自分の中になかなか見つけることができ

ない。それが「オンリーワン性」なのです。

あなた自身が自分の中に、「オンリーワン性」を探してみてください。そして、あなたと関わるすべての人のオンリーワン性を見つけ出してあげてみてください。

オンリーワン性の探し方。

「オンリーワン性を見つけてください」と言うと「誰にも負けない分野を探さなくちゃ」と気負ってしまいがちです。

すると「そんな誰にも負けない部分なんてないよ」とあきらめたくなってしまいます。

でもそんな心配はいりません。オンリーワン性は、今現在のあなた自身が探せばいいのです。必ず見つかります。

簡単な方法をお教えしますので紙に書いてやってみてください。

1.「大好きなこと」「得意なこと」「経験したことがある分野で人からほめられたこと」

をそれぞれ思い出すだけ書き出してみてください。
2. それぞれの分野2つ以上にまたがる共通項目があれば赤ペンで◯をつけてください。
3. ◯をつけた事柄をできるだけ細かく描写してください。――はい、でき上がり！

ある人の実例をあげます。

大好きなこと：甘いものを食べる。人と接する。完成度の高い資料を作る。

得意なこと：エクセルを使った表計算。お金にまつわること。人に勇気を与えること。

やったことがある分野でほめられたこと：相手の気持ちをわかってあげられる。

共通項目：人に関わること。分析した結果は完成度が高い。人が幸せになる勇気。

できるだけ細かく描写すると……

「相手を理解してあげることで本当のニーズがわかる。そして、分析した結果の答えを的確に出してあげることによって、人に勇気を与える力が私のオンリーワン性だ！」となるわけです。

一見、よくわからないかもしれませんが、自分の中で発見する過程では、それでいいのです。次にその書き出した内容を人に伝わりやすい一文にしてみてください。

それがあなたのオンリーワン性です。

例を一文に直すと「**ニーズを勇気に変える能力がある人!**」となります。

いかがでしょうか?

このオンリーワン性の探し方は、やっているうちにどんどん上達します。さまざまな出会いの中で、相手の「オンリーワン探し」をぜひやってみてください。

オンリーワン性を自覚すると、確固たる自信を得ることができます。この自信は、セルフイメージの向上に役に立ち、オンリーワン性にさらに磨きをかけます。その結果、いつの間にか本当に自他共に認めるオンリーワンになってしまうのです。

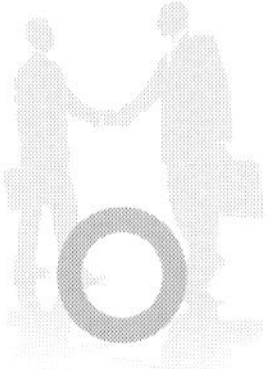

言いにくいことを平気で言えるようになる。

応援される人になるためには、言いにくいことを平気で言えるようになりましょう。

「言ってはいけないこと」と「言いにくいこと」は別です。

大抵の人は、「言ってはいけないこと」と「言いにくいこと」を混同して扱っているようです。自分の思い込みや偏見を「言ってはいけないこと」という位置づけにしているだけで、客観的にみると「言ってはいけないことではない」ということが多々あります。

たとえば、「離婚した」「受験に落ちた」とか「会社をクビになった」などの失敗は、本人の前で言ってはいけないことのように思われがちですが、それは「失敗は恥ずかしいこと」という偏見がそう思い込ませているだけではないでしょうか？

確かに本人を目の前に「言いにくいこと」ではあると思いますが、本当の意味では「言ってはいけないこと」ではないのです。

そのような場合には、「その失敗がいかに軽いことなのか」、または「その失敗から学ぶべき多くのこと」を焦点に話せばいいのです。ここであなたが話す内容に困ったり、「言ってはいけないこと」のように扱ったりすることは、「偏見がある」という一種の差別を宣言しているようなものです。

応援されるようになる人は、それではいけません。

周りにいる人もあなたのその価値観を見ています。

それよりも、一瞬耳を疑うような、とても言いにくいことでも平気で言いましょう。そして、そのことにあなたが広く正しい価値観で判断しているということを伝えましょう。ポイントは「私は、そのようなことで人間の価値が決まるとは思っていません」ということです。

そうすると、相手はあなたを「素晴らしい価値観の持ち主」または「人を誤解しない人だ」と思ってくれるようになることでしょう。そう思ってくれた人は、つねにあなたの味方でいてくれます。

また、言いにくいことを自分から言ってくれる人と出会うことがあります。そういうときもあなたの価値観を問われるときですから、考え終わっておく必要があります。

たとえば「私はＨＩＶに感染しています」「若い頃少年院に入っていた」など、あまり人に話さないようなことを言う人と出会ったときに、あなたはどのように対応しますか？

その場で困らないようにキチンと価値観を定めておいてください。

誤解しないでください。

ここでは例の内容の「良い、悪い」を言っているのではありません。あなたが価値観を決めておくことが大事だと申し上げているのです。

拒絶の本質をつかむ。

ビジネスに携わっていると、さまざまな「拒絶」を体験します。この拒絶には、大きく分けて「２つの理由」があります。

ひとつ目は、「売る側の原因による理由」。

２つ目は、「買う側の理由」です。

この2つを混同してしまうと、何を対策として考えたらいいのかわからなくなります。「商品が悪いのか?」「値段が高いのか?」「自分の説明が悪いのか?」と、勝手に「売る側の原因」と決めつけて反省するのはやめましょう。

精神的にもダメージを受けてしまいます。

そんな不必要なダメージを受けることはありません。

知識がない営業マンは時として、この「拒絶」がセールス恐怖症の原因のひとつにもなってしまうことがありますので冷静な分析が必要です。

「応援をお願いしたとき」に拒絶されることは、ほとんどありません。

「人を紹介して欲しい」という段階になってはじめて拒絶されることがありますが、実は、それもほとんどありません。

もちろん、しばらく時間が経っても誰も紹介してくれない、ということはあります。

でもこれは、決して「応援を拒絶しているわけではない」のです。

この事実は、とても重要なことです。

営業マンにとって、一度拒絶されたお客様と関係を継続するのは難しいことです。ですから「応援をお願いする」という「拒絶のない状態」によって、関係を壊さないで徐々に

信頼関係を築いていくことが大切なのです。応援をお願いする側面的メリットはそこにあります。

それでも、こちらがセールスしているわけではないのに「異常な拒絶反応」を示すお客様がときどきいます。これは、ちょっとタチが悪いケースです。

こちらの原因で拒絶されているわけではなく、相手の理由による拒絶なのですが、相手は、とにかくこちらを攻めるような言葉を言って拒絶します。

その言葉がもっともらしいので、精神的なダメージを受けそうになりますが、その言葉を真に受けてはいけません。

あなたに反省する理由はありません。相手が過剰反応しているだけなのです。

現代の日本は、ストレス社会のためこの「異常な拒絶反応」をする人が増えています。

それは、精神的に問題がある人ではありません。

一流の大学を出て、一流企業に勤めて、しかも出世コースに乗った一見安泰に見える人でも冷静な判断ができず、突然異常な拒絶を起こすことがあるのです。

そういうときは、深追いするのをやめましょう。

もし、目の前で拒絶されたときは、その本質をつかむように心がけてください。
無駄なダメージから解放されてください。それが幸せな営業マンになる近道です。

「何かを先に渡そう」と心がける。

ちょっとした心理テストです。あなたはキャッチボールをしています。

「ボールを先に投げてから、捕っていますか？」
それとも、「先に捕ってから、投げていますか？」

前者を選んだ人は、何でも先に与えようという奉仕の精神が備わっている人です。
後者を選んだ人は、つねに何かを待っていようと考えている人です。
さて、応援される人になるためには、どちらがいいと思いますか？
もうおわかりですね。もちろん前者の精神です。
応援される営業マンになるためには、つねに「何かを先に渡そう」と心がけましょう。
営業マンという立場では、とかく「契約を取るぞ！」という狩人精神になりがちです。

しかし、それではなかなか応援団は見つかりません。

なぜなら「何かを先に渡そうとしている人」と「取ろうとしている人」では、明らかに態度が違うからです。


人は、「取ろうとしている人」には、警戒心を抱くものです。

逆に、「先に渡そうという姿勢」がうかがえる人には、安心感を抱き心を開きます。そのことが、「この人なら！」と思うきっかけになります。


応援される人になるには「この人なら！」と思われなければはじまりません。

では、何を渡したらいいのでしょうか？

一番いいのは「情報」です。情報と聞くと、ビジネス的な要素を思い浮かべてしまいますが、それだけでなくても大丈夫です。「あそこのあのケーキがおいしい」とか「〇〇という本は、子どもの教育に参考になることがいっぱいあったよ」というようなちょっとした「口コミ情報」でもいいのです。

渡せる情報が何もない場合には、「元気や勇気」といった気持ちでもいいのです。

あなたのキャラクターが「癒し系」なら、その独特な雰囲気そのものが「先に渡すもの」

となるでしょう。現代の社会は、ストレスがたまりやすい環境です。「あなたの笑顔は癒されるね〜」と言われるような笑顔は、最高の奉仕と言えます。

また、「認めてあげる」ということも「渡す精神」のひとつです。

人はつねに誰かに認めてもらいたいと思っています。承認の欲求です。

その「価値ある何か」をあなたが見つけて、教えてあげるのです。

「あなたの伝票の書き方はいつも完璧だね」とか、「いつもすがすがしい笑顔で挨拶してくれますね」とか、「○○さんのスーツって、いつもシワがないですよね」という小さなことでいいのです。

もちろん、明らかに「お世辞」とわかる賛辞は逆効果です。本当の「凄い！」を見つけてあげましょう。

大切なことは、応援される人になるためには、取るぞ！ 奪うぞ！ という「狩人精神」をやめて「渡す精神」にならなければならないということです。

第4章

応援団の作り方。

最初の応援団は、できるだけ少なく！

ここまでで応援される人になるためのパーソナル・ブランディングのイメージはつかめましたでしょうか？

応援団は、自分のパーソナル・ブランディングのイメージを作りながら同時並行で作っていくものです。

応援団を作りながら、応援される人になるよう、自分に磨きをかけてください。

この章では、パーソナル・ブランディングのイメージが湧いたあなたが、具体的な行動としてどのような手順で応援団を作ったらいいのかを解説します。

この手順にならって実行すれば、必ず応援団ができます。

ただし、最初から成功する人はいません。

じっくりと自分自身と向き合って、トライ＆エラーであきらめず活動してください。

①応援団の作り方➡全体のイメージ

まず、応援団の広がり、全体像ですが、これはピラミッドの形をイメージしてください。

ピラミッドの頂点にあなたを置きます。1段階目にあたる、自分に一番近い応援団の人数は「少ないほうがいい」ということを覚えておいてください。

その少ない人数からどんどん紹介で広がることをイメージするのです。

極論ですが、1段階目の応援団の人数はひとりでも十分です。

「最初の応援団をできるだけ少なくすること」これがひとつのポイントです。

ここでは、わかりやすいようにひとりからスタートするやり方について説明します。

あなたの知り合いAさんにまず応援団になっていただき、知人を紹介してもらいます。

その際にできれば3人ぐらい紹介してもらえればベストですね。

その3人は、2段目の応援団という位置づけになります。そして、その3人から最低ひとりは紹介をもらい、どんどん広げるのです。単純にこれだけの作業です。

このときに全体の目標とする人数は、最大で150人です。150人必要なのではなく、応援団の組織人数としては「150人が限界」という意味です。

この150人という人数は、人間の能力に関係する科学的根拠のある数字です。アマゾンの奥地で先住民の研究をしていくと、驚くことに150人以上の村がないそうです。150人を超えると必ず分裂してしまうのです。

つまり人間は、ひとりを頂点、また中心として150人以上の組織を作ることは難しいということです。このデータの信憑性（イギリスの人類学者ロビン・ダンバーの研究発表による）はとても高く、アメリカをはじめ、多くの企業の組織構成に用いられています。

さて、ひとりからスタートして10人でも20人でも応援団ができたら、この方々を3つのグループに分けます。

プラチナグループ……紹介を3人以上してくれた方。
ゴールドグループ……紹介をひとり以上してくれた方。
シルバーグループ……紹介がまだ発生していないけど、応援を了承してくれた方。

ここで言う「紹介」とは、「応援団になりそうな人脈の紹介」または「お客様の紹介」どちらでも結構です。いずれにしても、あなたに対して好意的な行動を起こしてくださった方のグループ分けです。

このグループ分けは、もちろん相手にお伝えする必要はありません。

自分の中だけでわかるようにしておいてください。

ここでできた応援団に対して、さまざまな情報を「ニュースレター」や「メールマガジン」で提供し、「見込み客を探すこと」に協力してもらうのが、この仕組みの全体イメージです。

あなたのキャラクターが本当に応援団から愛され、この応援団のご紹介が本当に機能し始めたときに、あなたの前には、見込み客の行列ができることでしょう。

そのときは、ひとりで業務をこなすことができなくなります。

手伝ってくれるスタッフも応援団の知り合いから募集するのもいいでしょう。

さあ、一緒にうれしい悲鳴をあげようではありませんか！

②リストアップ⬇赤ペン抹消からはじめよう

まず、はじめにやることは「リストアップ」です。

具体的には、あなたが今までの人生の中で知り合ってきた人達を全員紙に書き出します。

知人、友人、お客様、親戚などです。

人生で何らかの出会いを持つ人が2~3万人ぐらいだそうです。

そのうち、親しい会話をする人が３００人と言われています。

ですから、目安として３００人を目指してください。

もちろん、名刺を見て顔も思い出せないような人は除外してください。

次にやる作業が「赤ペン抹消」です。リストアップした中で、応援して欲しくない人を赤ペンで抹消していきます。

たとえ、お金持ちで人脈が多い人であっても、「嫌いな人」「付き合いたくない価値観の人」「応援して欲しくない人」は、すべて赤ペンで抹消してください。

営業マンは「モノを売る」という仕事の性質上、とかく「人脈やお金のある人」を大切にする傾向を強く持っています。

「好き・嫌い」という感情の問題ではなくて、「買うか買わないか」という視点で人を見てしまいます。しかしこれは間違いです。


応援団は、あなた自身を応援してくれる人であって、必ずしもお客様とは限りません。初期段階の応援団の方は、これから一生のお付き合いになっていく可能性の高い人ですから、あなたが嫌いな人を絶対に入れてはいけません。

あなたの魂を曲げてまで嫌いな人と付き合ってビジネスをすると、必ず別の反動が起きます。ですから、嫌いな人は、最初の段階でリストから「抹消する」必要があるのです。そして、その作業自体が、残りの「応援して欲しい人」を大切にすることにつながっていくのです。

とくに、応援団組織を形成していく上で、最初の1段階目という重要なポジションの応援団を選抜するこの初期、「赤ペン抹消」の作業はとても重要です。この「応援して欲しくない人のリストアップ＝赤ペン抹消」は必ず実行してください。

次に、本当に応援して欲しい人をリストアップします。赤ペン抹消して残ったリストから応援して欲しい人をリストアップします。

赤ペン抹消の作業後だと応援して欲しい人がより明確になるはずです。脳が対象となる人のイメージをより鮮明にしてくれているからです。

ここでの目安は１００人です。１００人に満たなければ、それは構いません。できるだけ多くリストアップしてください。

ここで注意していただきたいのは、この作業は「応援団になって欲しい人のリストアップ」であって、見込み客のリストアップではありません。

見込み客のリストアップは個人向けの営業マンが通常やることですが、この応援して欲しい人のリストアップは根本的に大きく違います。

このリストの方々には、「応援をお願いするだけ」であって「契約をお願いしない」ということです。

通常営業マンは、ここで直接セールスするつもりでリストアップし、実際リストアップした人にアプローチしてしまいます。もちろん営業マンは「売ること」が仕事ですから、これは当たり前のことです。

しかし、それでは今までと何も変わらず、せっかくの人脈を紙風船のように「ペシャッ」とつぶす作業になってしまいます。その結果、いつまでたっても人脈を活かせず、見込み客探しに悩むことになってしまうのです。このときに一度壊れた人脈は二度と戻りません。こうした行為は本当に「愚かな行為」なのです。

また、本書でいうところの「100人リストアップ」の本来の目的は、「イメージを膨らませるためのもの」です。

もしあなたが、簡単に100人をリストアップできたとすると、その100人のリストを作っていく過程で、ひとりの人間の後ろに控えている「人脈」の多さに改めて気づくことでしょう。**その100人一人ひとりの「人脈数」を考えると、何千人、何万人という有機的につながる人脈の凄さに胸が躍ってくるはずです。**

また、この作業を通して、あなたは「人脈を思い出す方法」を自然に習得することになります。たとえば「床屋さん」とか、「取引銀行の担当者」……というような「思い出すきっかけとなるキーワード」を思い浮かべることを学ぶのです。

その体験が応援団との会話で役に立ちます。

実際に応援団から「どんな人を紹介すればいいの？」という質問をされたときに、「取引銀行の担当者で○○な人はいませんか？」と具体的に指定できるようになるからです。

そうすると、応援団も思い浮かべやすくなります。また、「取引銀行にはいないけど、生命保険の担当者ならいるかもしれない」と答えてくれるかもしれません。

逆に、この作業を自らやっていない人は、なかなか応援団にイメージを伝えられなくなります。ですから、馬鹿にしないで、一つひとつ丁寧にやってみてください。

また、この何千何万人という無限大マーケットのイメージを持った営業マンと持てなかった営業マンでは、成約率にも大きな違いがでます。

なぜならば、イメージを持てなかった営業マンは、一件一件に対して危機感を持って接してしまうからです。そして、その場で売れなければ後がないと思っているので、「売らなければ」と、一生懸命クロージングを試みてしまいます。その焦りがお客様にも伝わり「NO」を誘発してしまうのです。

一方、無限大のイメージを持った営業マンは、焦りがなくゆったりとした気持ちで接することができます。その雰囲気にお客様も安心して、冷静に話しを聞くことができます。

その結果「YES」を引き寄せ、成約できてしまうのです。

リストアップのまとめ
◎顔と名前が一致する知り合いを300人以上リストアップする
◎応援して欲しくない人を赤ペンで抹消する
◎残ったリストから応援して欲しい人を100名リストアップする

③工夫したツールを作る➡「この人、この人」と言われるために

応援をお願いするためには、あなたが「どのような人物なのか」をはじめて会う人に伝えなければなりません。ですから、名刺以外に簡単な「プロフィールシート」を作りましょう。このプロフィールシートは、応援団が人に紹介するときにも役に立ちます。

このプロフィールシートは、経歴だけでなく、顔写真やプライベート情報を載せて「あなたの人となり」が伝わりやすいようにします。

たとえば「子どもが何人いるのか」「出身地はどこか」「学生時代にやっていたスポーツは何か」などです。

また、「あなたがどうしてこの商品を扱っているのか」そして、「将来的な夢」などの「熱いメッセージ」を書いておくといいでしょう。

これによって、あなたが語った「熱い思い」などもしっかり覚えてもらうことができます。

このプロフィールシートによって、あなたをはじめて知る方も、きっと親近感がわいて好感を持ってくれます。

お見合い写真のようなものですね。もう名刺だけで「この人だよ」と紹介する時代はとっくに終わっています。

好感度のいい手作りのプロフィールシートを作って、応援団の方が、あなたがいないところで「この人、この人」と、あなたについて話しているところを想像してみてください。

顔写真

神尾えいじのプロフィール

生年月日　昭和41年5月6日　おうし座
住まい　東京都江東区
生まれ育ち　東京都板橋区
出身校　慶応義塾大学理工学部
血液型　A型
座右の銘　「努力に勝る才能なし」
家族構成　妻

一言　「熱い心とクールな頭」で仕事に取り組みます！
「大胆な発想」「緻密な計算」「丁寧な行動」がモットーです！

この仕事（会社）についたきっかけと理由　―セールス・コンサルタントとして―
「金融コンサルタントとして、多くの会社経営者とお会いして、洞察力が身に付きました。その能力を「人に勇気を与えることに使いたい」と思ったのがきっかけです。できるだけ多くの方の「応援」をしたいと思っています」

資格　そろばん3級。元銀行員なので「資金繰り」と「融資」についてはプロです。
パーソナル・ブランディングのお手伝いが可能です。
趣味　映画鑑賞　エンターテイメントとして鑑賞するのみです。
絵画鑑賞　イタリアで「レオナルド・ダ・ヴィンチ」「ミケランジェロ」の絵を見て、鳥肌が立ちました。あの感動は一生忘れません。
ハーレーダビッドソン　現在は所有してませんが、いずれまた……。
年に1回は、必ず、軽井沢に遊びに行きます。
特技　ごはんをおいしく食べること
性格　真面目・素直・熱い・おっちょこちょい
愛読書　落合信彦さんの小説
最近の感動　ミュージカル「マンマ・ミーア！」
アンドレ・リュウ（ヴァイオリニスト）のコンサート
もし無人島に「一つだけ」持って行くとしたら……虫メガネ（火をおこすため）
生まれ変わるとしたら……ラブラドール・レトリバー
将来の夢　応援団の皆さんとラスベガスで大騒ぎすること！
人生最高の思い出　毎日！

連絡先：0120－○○○－○○○○／090－○○○－○○○○
e-mail：imperial@mbj.nifty.com　※電話・メール24時間可

④ 1分間トークを作っておく⬇米国式エレベーターテストをクリアする

アメリカのコンサルティング会社では、新人コンサルタントに対して「エレベーターテスト」というものがあります。これは、エレベーターにお客様と一緒に乗ったときのことを想定して、短時間（約1分間）に「自分が何者で、何をしようとしている人間なのか」ということをアピールするテストです。

「短時間で事柄を伝える訓練」ですね。

とかく人は長く説明したがります。長く説明しないと相手に伝わったか不安になるからです。もちろん長い説明は、多くの情報量を含みます。しかし、たとえそうであっても、相手はそこまでは聞きません。ほとんど「第1印象」で判断してしまっているものなのです。

ですから「人に何かを伝えるとき」は、いかに要点を短く話せるかということがポイントになるのです。

あなたが応援をお願いするトークも同じです。**1分以内で短く伝えられるようにしましょう。それ以上長く話しをしても、「あなたに対する印象」は変わりません。逆に話し**

が長いと、「一体、要点はなんだ？」という不快感さえ持たれてしまいます。

1分以内に自分の伝えたい事柄をまとめておきしょう。

そのためには、あらかじめトークの内容を吟味し、用意しておく必要があります。

ポイントは、**「なぜ→なるほど」**という順序です。

はじめて会った人というのは、あなたに対して「なぜ？」という単純な疑問をたくさん持つものです。その「なぜ」に答えて「なるほど」と思ってもらえるようにしてください。

大抵の方が疑問に持つ「なぜ」の順序は以下の通りです。

1「なぜ、その仕事を知ったのか？」
2「なぜ、その会社を選んだのか？」
3「なぜ、その商品がいいのか？」
4「なぜ、Aさん（紹介してくれた人）と知り合ったのか？——どういう関係か？」
5「なぜ、私に会いたいと思ったのか？」
6「どんな人を紹介して欲しいのか？」

これらの「なぜ」に答えるようにトークを組み立てます。

この答えの中にあなたの「人生観が伝わる」ような、「目標」や「生き方」などもおりまぜながら自分をアピールできるとベストです。そうすると、相手は「なるほど」とスムーズに聞いてくださいます。

そして、面談のときは、毎回、必ずそのトークで始めるようにします。すると、相手の「反応パターン」も同時につかむことができるようになります。

逆に相手によって違うトークをしてしまうと伝わる内容が変わってしまいます。すると相手の反応パターンもバラバラになってしまい混乱します。

ですから、ゆるぎない完璧なトークを作って、後は、相手の反応を見るようにしましょう。このことは、後で説明する「質問力」をアップさせることにも役に立ちます。

＊　＊　＊

《一分間のトークの例》　―「セールス・コンサルタントとして」―

銀行員時代からセールスの仕事が好きだったのですが、根本的に自信がなかったんです。

ところが、今から5年前にある天才的な実業家と出会い、その方の元で修行をさせていただいたときに、100を超えるセールスノウハウ、マーケティングノウハウを学んだんです。

そのおかげで、自信がつくと同時に思いも寄らない大きな実績を残せるようになったのです。

そこで私と同じように悩んでいる方の「お役に立てば」と思いまして、「セールス110番」の会社を立ち上げました。

ただ、私のポリシーとしては「ただお金持ちになりたいから」という人でなく、キチンとポリシーを持った方で「セールスで伸び悩んでいる」「人生の転機にきていると感じる」「自分に自信をつけたいと思っている」という方のお手伝いをしたいと思っているんです。ですから、本当に誠実な方との出会いを通して、いわゆる「血統証付きの人脈」から、そのような方と出会いたいと思っているんです。

そのようないきさつでAさんからご紹介いただきまして、今日はお会いさせていただきました。Aさんともある方のご紹介でお会いしまして、応援していただいているんです。

もしよろしければ、私がやっている仕事を応援していただきたいのです。
もちろん、無理なことをお願いするつもりはありません。まずは、私が毎月書いているメールマガジンがありますので、それを読んでいただいて、ピンとくる方がいたら、ご一報いただければ光栄です。ぜひ、よろしくお願いいたします。

＊　＊　＊

《1分間トークを作れない方へ》

1分間トークをうまく作れない方は、イメージトレーニングのひとつとして以下を想像してみてください。

あなたは、ひとりきりで海外で仕事をしなければならなくなりました。その国の言葉を話せる在住の日本人は、たったひとりしかいません。その日本人があなたの唯一の知り合いです。つまり、あなたの人脈は、この国ではひとりしかいない状態です。その人の力を借りることでしか、この国でビジネスを始めることはできません。あなたは、そのたったひとりの日本人に、まずどのように話しますか？

いかがでしょうか？

このときにあなたは、「あなただけが頼りだ。ぜひ応援して欲しい」という気持ちを伝えるのではないでしょうか。間違っても自分の商品の最初のお客さんにしようと売込みの営業トークをすることはないのではないでしょうか。

応援団を作るときは、このイメージでお願いすることです。

そうするとお願いするトークは限られてくるはずです。

Aさんだけが頼りだ。

Aさんの応援なしにはビジネスができない。

私は、この仕事を信念を持ってやっている。

ぜひAさんに応援して欲しい。

というようなニュアンスをお伝えするのではないでしょうか。

そして、実際に応援をお願いするときは、さらに以下のようなことを付け加えるといいでしょう。

応援していただいたことが、必ず世の中のためになることを約束します。
私は、知人の中でAさんの価値観が大好きなので、数ある知人の中でAさんを選びました（本当に選んでいることが前提）。
Aさん感性が大好きなので（価値観が合うので）、Aさんの直感でいいですから、この人だったら私に紹介したいなという方がいたらぜひご紹介ください。

いかがですか？　このイメージを参考にご自分の1分間トークを作ってみてください。

⑤はじめの一歩➡飛び込み営業を体験すべし

それでは、準備が整ったところで、早速行動してみましょう。

はじめの第一歩は、ズバリ「飛び込み営業」です。

あなたの扱っている商品を1件でいいので、販売（成約）してみてください！

やってみて、結果として成約できなくても結構です。この「飛び込み営業」には「成約」以外に大切な目的があるのです。

それは「人から紹介されて人と出会うことが、営業マンにとって、どれだけ助かることなのか」ということをあなたに身体で実感してもらうためなのです。

「人からの紹介のありがたみ」は、飛び込み営業の大変さを知った人でないとわかりません。その大変さを味わって、はじめて本当の「人とのつながりを大切にする気持ち」が生まれてきます。

相手が本当はとてもいい人であっても、飛び込みの営業マンには冷たくするものです。もちろん中には、あなたの話に耳を傾けてくださる方がいるかもしれませんが、それは、相手とのタイミングがよほど良かった場合です。

逆に言えば、**飛び込み営業で成約をすることは、あなたの実力に関係なく、ほとんどタイミングだけの問題なのです。**

この経験を踏まえて次のステップに行きましょう。

本番です。まず、ひとり目の応援団を見つけます。リストアップした100人の中から、「この人は！」と思う人をひとりだけ探してください。そして、アポイントを取って会ってください。

⑥アポイントの取り方⬇電話で伝える内容とは

基本的なことではありますが、アポイントの取り方を説明します。

電話を入れるときは、「会う」という目的のためだけに話すことが大事です。できるだけ、話を短くしてください。間違っても「応援して欲しい」などと説明をはじめてはいけません。電話で伝えられることには限界があるのです。

では、どのように言うのか？

アポイントの段階では、「相談したいことがあるから会いたい」だけでいいのです。このセリフだけでアポイントを入れることが難しいような相手には、ひとり目の応援団のリストからはずれてもらいましょう。あなたの人選ミスです。

というのは、この段階でアポイントが取れない方は、あなたとあまり信頼関係がない方です。信頼関係がある方なら様子を察してアポイントに応じてくれるはずなのです。

逆に言えば、そのような様子を察してアポイントに応じてくれる方に、ひとり目の応援団になってもらいましょう。

ときどき相手から心配されて「何があったんだ？」とか「どうしたの？」と聞かれることがあるかもしれません。

そのときは、「大したことではないんだけど、ちょっと相談にのってほしい」とお伝えするのです。相手と信頼関係があって、相手が心配して質問してきたときは「大したことではない」＝「心配をかけるようなことではないから安心して」とお伝えするべきです。

そうでないと、相手は不要に心配してしまいます。

これらことはメールでもまったく同様です。文字だけで伝えられることにも限界がありますので要件の説明はせず、アポイントを入れることを目的にしてください。

そして、アポイントのときに相手の心のブレーキをはずす一言があります。それは、**「もし、忙しいようだったら、今度の機会にするけど……」**と伝えることです。

このトークは、強引にアポイントを取るのではなく、相手の了解を確実にとるための一言になります。この一言があると相手は余程のことでもない限り時間を作ってくれます。当日のドタキャンは確実に少なくなるでしょう。

もし、それでもアポイントが取れない場合は、その方はあきらめましょう。

仮にあなたが「応援の説明」をしても相手からは「断られる」だけです。

このときばかりは「次の人に行こう」と思うしかありません。

＊　＊　＊

《アポイントで失敗するケース》

応援団作りに限らず、アポイントを入れるときのトークが悪くてアポイントが取れないことがあります。その代表的な例をあげます。

１．あなたの下心が見え見えのとき

あなたが応援していただくという気持ちから離れ、売る気満々になっているときにアポ

イントを入れると、ほとんどの場合、相手に伝わってしまいます。確かにあなたは、さりげなく電話しているつもりなのでしょうけれど、声色や普段との様子の違いに相手は気がついて、できればアポイントを避けたいと思いはじめます。

この場合、あなたが「売る」という下心があるからいけないのです。

いいですか。下心は禁物です。相手に必ず伝わります。

仮に伝わらなかったとしても、面談当日のあなたの売ろうとするオーラに気がつき、相手は会ったことを後悔するはずです。

そうなると、二度とその方と会えなくなってしまいます。せっかくの大切な人脈をつぶすことになってしまうのです。

そのような、人との関係を安易に無駄にしてしまう営業マンから早く卒業してください。

今は心の時代です。消費者も大変賢くなっていますし、人を見極める能力が高くなっています。そのような中で人との関係を無駄にする営業マンは、絶対に長続きしません。

相手の急な仕事でドタキャン、子どもが熱を出してのドタキャンがあったら要注意です。あなたの下心が間違いなく相手に伝わっていると思っていいでしょう。

2. 相手が忙しい方なのに軽く考えてアポイントを入れているとき

これは、相手があなたを応援してあげようという気持ちはあるけれど、自分の仕事が忙しいのであなたの相手をしてあげられないケースです。

これは相手の立場をきちんと見極めるべきです。そして忙しい方ならアポイントを入れる段階で用件を伝えた方がいいでしょう。

それでもアポイントが取れない方の場合は、あきらめてください。

ただし、このような忙しい方であっても、堂々とアポイントをとれる方法があります。それは、相手にメリットがある場合です。これは、応援団作りの考え方とは、少し違ってきますが、相手が忙しくて、あなたと会うメリットを感じてくれない場合には、相手にメリットがあることを用件にするのです。

たとえば、相手が何かの商売をしている方でしたら、そのお客様になりそうな人を紹介するとか、特別なイベントの招待券があるのでプレゼントするとか、その方のビジネスパートナーになりそうな人を紹介するなど、相手のメリットがある用件でアポイントを取るのです。

優秀な営業マンは、日ごろからこの技を身につけています。

つねに相手のメリットのことだけを考えて行動しているのです。そのような日々の行動が認められて、相手もこちらのお願いを聞いてくれるようになります。

これは、相手がどのような立場の方でも通用する方程式です。

⑦面談の仕方➡座り方から意識しよう

面談で座るときの「ちょっとしたコツ」のお話です。

これは一般的な営業でも言われることですが、面談で座るときは、できるだけ、「向かい合わせにならないように」しましょう。座り方次第で伝わるイメージがぜんぜん違います。

その面談場所の環境にもよりますが、「斜め横（直角の位置）」に座るとベストです。話をするときは同じ方向を見られるようにするのです。もし、向かい合わせしか席がないようであれば、説明をするときに身体を横にして、相手と無理やり同じ方向を見るような動作を心がけてください。

同じ方向を見ながら「応援団」の説明すると、相手の方に「私と一緒に作っていただけませんか?」というイメージで伝わります。それは、青春ドラマで夕陽に指を差しながら夢を語っている、まさにあの場面です。

あなたは、「未来を指差す」ような気持ちで「1分間のトーク」を話すのです。

その際には「私は応援する価値がある仕事を必ずします」という気持ちをこめて話すことが重要です。気迫が伝わります。

実際に、記念すべきひとり目の応援団を知人にお願いするときには、「同じ方向を見られるように直角に座り」、「私は応援する価値がある仕事を必ずします」という気持ちをこめて丁寧に話してください。

直接の知人ですから気恥ずかしいかもしれませんが、照れ笑いは禁物です。照れ笑いをした瞬間に話がなかったことになると思ってください。

お願いごとは、ヘラヘラしながらするものではありません。

もちろん、最初から気難しい顔をしていては、相手に不安がられてしまいます。

ですから、「ニコニコ」している方がいいでしょう。

でも、「ヘラヘラ」してはいけません。

⑧質問力を鍛える➡相手の本音がわかる質問力とは

次のステップです。

あなたの1分間トークの後で、相手は必ず何かの「質問」をしてきます。

そこで、あなたのスキルとして身につけておくといいことがあります。

それは「質問力」です。

「質問力」とは、「質の高い質問をする力」と「質問された内容で相手の気持ちを判断する力」です。

質問は、相手が「関心がある点」「クリアしておかなければいけない点」についてしてきます。その質問の内容を聞いて、その方が「何に感心を示したのか」「何に注意を払ったのか」ということの「本質」を判断できるようになると非常に会話がスムーズになります。

そして、あなた自身も相手の気持ちがよくわかるようになります。よく「しぐさ」で相手の心理状態を判断するというノウハウがありますが、同様に質問力でも相手の心理状態を判断できるのです。

「質問力」の簡単な身につけ方は、自分が普段考えていることを自問自答形式で紙に書いてみることです。たとえば「俺は、今日はランチを食べたときに、ウェイターの言葉使いに好感を持った。ん？　なんでだ？　そうだ、それは、この間のお客様の会話と似ていたからだ。お客様は、俺の○○という言葉が気に入ってくれたんだな。よし、それなら、今度はこういうことを考えていこう。そして、……」などと、自分が思いついたことをどんどん書いていくのです。そうすると、「質問の内容＝自分の気になっているところ」を実感できます。

この作業を毎日20分でいいので、やってみてください。1カ月後には、驚くほど「質問力」が身についていることでしょう。

質問力が身についた状態でお客様と話をすることほど楽なものはありません。なぜなら相手の考えが「誤解なく理解できるから」です。そうすると、あなたも的確な話をすることができるようになります。その的確な話を聞いた相手の方は「私のことをわかってくれる人だ」という信頼感をあなたに持ってもらえます。

すると「この人なら、○○を紹介してもいいな」と思ってもらえるようになります。

また、もうひとつの質問力について、説明します。「質の高い質問をする力」です。

脳には、「的確な質問をすると自然に的確な答えを出すという仕組み」があります。

簡単な例で言うと、

「学生時代はどうでしたか?」

「学生時代に1番楽しかった思い出をひとつだけ教えてくれますか?」


これらの質問をされたときに、瞬時に答えやすいのはどちらでしょう?

後者の方が的確に答えやすいのではないでしょうか?

このように的確な答えを引き出したいときは、できるだけ限定した的確な質問をすることが必要なのです。

この的確な質問をする力も、相手の考えていることを的確に把握する能力のひとつですので、ぜひ、スキルとして身につけるといいでしょう。

⑨紹介者へのファーストアプローチ➡連絡を入れるベストなタイミングは

さて、めでたく応援団Ａさんが「応援してあげてもいいよ」と了承してくれた後のことです。すぐに紹介が出るか不安な方も多いと思います。そのときは、Ａさんにこのようなことをお伝えください。

「私は、３００人以上ある人脈の中から、価値観の会う方を選びに選んでＡさんしかいないと思ってお願いに来ました。他の方でなくＡさんの人脈のつながり、応援してくれる人を募っていきたいのです。ぜひご協力ください」

本当に信頼していて、本当に選びに選んだＡさんにこの言葉を言って、紹介を得られないことはありません。必ず紹介が出ます。ただし、「どんな人を紹介して欲しいのか？」と聞かれると思うのでそのときは、紹介して欲しい人のイメージをしっかりとお伝えしましょう。それでも万が一紹介が出ない場合は、Ａさんを選んだ人選ミスかもしれません。もう一度リストアップからやり直しましょう。

次に、応援団Ａさんから実際に知り合いのＢさんを紹介してもらえたときの、あなたの行動です。

できれば、面談時にあなたの目の前で、紹介してくれた応援団AさんからBさんへ電話してくれるとありがたいですね。その電話の際に、アポイントを入れられるのが理想です。Bさんもなんのことだか、ピンときていない中でアポイントを入れるわけですから、知り合いから直接「会ってやってくれ」と言われた電話口で、直接あなたと話ができるのが一番ストレスがないのです。

とかく、アポイントは後日にというパターンになりがちですが、そうすると大体3割のキャンセルが出ると思ってください。それぐらい人の心は変わりやすいのです。可能であれば、その場で「Bさんに直接電話を入れてくれるか」ということをAさんに相談してみましょう。

また、別のケースです。

応援団Aさんから後日、「Bさんを紹介してあげる」という電話連絡をいただいた場合は、そのAさんと電話を切った直後、すぐにBさんに連絡してください。絶対に時間を空けてはいけません。

というのは、Aさんがあなたに連絡しているのは、Bさんから「わかった。会ってあげるよ」と回答をもらった直後の可能性が高いのです。そうなると、このときBさんも、いったん手を止めてあなたからの連絡がくるのを少しの間待っている可能性が高いのです。このタイミングを逃してはいけません。

このように、誠実な人とのつながりでは、相手もこちらに敬意を払って、連絡を待っていてくださることがあります。その好意を絶対に無駄にしてはいけません。

これは、当たり前のことなのですが、できていない人が意外と多いものです。おそらく、最初の電話なので緊張してしまうのでしょう。「タバコを1本吸ってから」とか「コーヒーを飲み終わってから」と、少しだけ先延ばしをしてしまうのです。ですが、この先延ばしの習慣は禁物です。遅くなれば遅くなるほど、Bさんは「面談してあげよう、会ってあげよう」という気持ちが加速度的に薄くなります。

間髪を入れず1秒でも早く電話をかけてください。

次に、無事にアポイントが取れたら、その時点で再度Aさんに連絡して「アポイント完了の報告」をしましょう。Aさんは、あなたの素早さに「早いなぁ」と感心すると同時に、

「お礼の電話」という細かい気配りが「応援する気持ちの向上」につながります。ですから、絶対に省かないでください。

後で説明しますが「アポイントが取れた」ということは、Aさんにとっても「1回目の小さな成功体験」になっていることを覚えておいてください。

⑩ 紹介者との面談と質問に答える ➡ 答えは体験の中にあり

さて、応援団のAさんからご紹介いただいた紹介者Bさんとのはじめての面談です。

あなたは、あらかじめ用意しておいた1分間のトークを話します。

そして、Bさんの質問に答える場面です。

Bさんから、まず出てくる質問が「どんな人を紹介したらいいの？」ということです。

その際にあなたは「具体的な人物像」を伝える必要があります。

そのときの注意点ですが、「あなたが伝えた人物像」が面談相手である「Bさんのイメージ」と重なって伝わるので慎重に言葉を選んでください。

たとえば「誠実な人を探しています」と伝えれば、その言葉はそのままBさんに伝わり、「あなは誠実な方です。ですから、今回Aさんからご紹介いただきました」というメッセージとしても伝わります。

もし、「お金を1億円以上持っている方をご紹介ください」と伝えれば、「俺も1億円以上持っていると思われているのか」というメッセージがBさんに伝わります。このように「あなたが探している人物像＝面談相手」となることを覚えておいてください。

次にBさんは、「どうやって、人に話しをしたらいい？」という質問をされます。そのときのあなたは「AさんからBさんをご紹介いただいた日から、今日に至るまでのやり取りとまったく同じことをします。ですから、体験していただいた通りのことを話していただければ結構です」と答えるのです。

つまり、Bさんの疑問である「どうやるの？」という質問の答えは、Bさんがはじめから「体験済み」になるように、あなた自身が意識して接しておくのです。

人は、基本的に体験したことしか上手に語れません。Bさんには、その体験を上手に伝えてもらうだけです。

つまり、このようなことになります。

「どうやるの？」の答え

あなたがAさんからBさんを紹介されてから、Bさんにしてきたこと
（アポイントの取り方、面談の仕方、お願いの内容）

←

Bさんが体験したこと ＋ あなたに対して感じたこと
（AさんからBさんに伝えられた内容、アポイントや面談で体験したこと、感じたこと）

←

Cさんに伝える内容

このように、あなたのやっていることが、ほぼそのままCさんに伝わると思ってください。あなたは、「伝わるイメージ」を意識しながらBさんとの面談をするべきなのです。

この伝染していくイメージを意識して面談するかどうかで、この後の紹介率が変わります。この第一印象のイメージがすべて、といっても過言ではないぐらいに連鎖していきます。

あなたは、初めての面談のときに、相手によってパターンを変えずに、ひとつの面談パターンで接する必要があるので、本当に一字一句変えないぐらいのつもりで接することを目標としてください。

ここの注意の払い方で、応援団に対するあなたのブランドが構築されていきます。そのブランド・イメージが応援団から飛び火して、お客様への紹介となっていきます。

だから、本書で学んだような「応援されるタイプの人」にあなたが自分自身をブランディングしていると、信じられない数の紹介をいただけるようになるのです。

⑪ NGワード➡紹介をお願いするときに絶対に言ってはいけない言葉

応援してくださる方に紹介をお願いするとき、絶対に言ってはいけない言葉があります。

それが**「どなたでもいいので誰かご紹介いただけませんか?」**です。

この言葉、一見丁寧で失礼のないように見えますが、致命的なミスを犯しているトークです。

致命的なミスとは「どなたでもいいので誰か」の部分です。

つまり、この言葉を言われた応援団は自然にこのように感じます。

「何？　誰でもいいのか？　この営業マンは、とにかく誰でもいいから人と会いたがっているだけなんだな。ということは、私もそのうちのひとりで、私でなくても誰でも良かったんだな……。コイツと面談して何だか時間を無駄にしたな。もうこの営業マンと付き合うのはやめよう」

こういうことです。

あなたも逆の立場だったら、同じように思うのではないでしょうか。

確かに、成績が上がらず、誰も会う人がいない。とにかく、誰でもいいからアポイントを入れて、スケジュールを埋めないと不安で仕方がない。誰でもいいから私のスケジュールを埋める手伝いをして欲しいと思っているときは、このような言葉を出してしまいがちです。仮にこのトークを使って紹介してもらえたとしても、どうでもいい人脈を紹介されるだけで、間違いなくあなたの見込み客や応援団になる人ではないでしょう。

ある生命保険会社の支部長が朝礼で「イモでも大根でもいいから私の前に連れてきなさい。私がクロージングしてあげるから」と営業職員に檄を飛ばしていました。

この支部は、なかなか成績が上がらないことでイライラした支部長がこのような言葉を発していたのです。

「イモでも大根でもいいから俺の前に連れてこい」と「どなたでもいいので誰かご紹介いただけませんか?」全然違うトークですが、言っている意味が同じです。

自分勝手でお客様を大切にしないトークの代表例なのです。

もしうっかり使ってしまいそうになったら「イモでも大根でもいいから……」と言おうとしていることを思い出してください。

⑫ 喜びを分かち合う ⬇「NO」と言われた場合にどうするか

応援団を作っていく段階で忘れてはならないことがあります。

それは、紹介してくれた方が「応援団になってもいい」と言ってくださったときに紹介元の応援団に、必ず「お礼の連絡」を入れるということです。

応援団Aさんがあなたに知人のBさんを紹介した瞬間に、Aさんは、あなたと同じ立場、つまり仲間になっています。ですから、Aさんも「Bさんとの話がうまくいって欲しい」と願ってくれているのです。ひょっとしたら、Bさんとのアポイントの当日は、朝から気にしてくれているかもしれません。

そんなAさんにお礼の連絡を入れることは当然の話です。そのタイミングは、Bさんとの面談が終わった直後にしてください。

そして、Bさんが応援団になってくださることになったら、その場で「興奮して」お礼を言いましょう。きっとAさんも一緒に喜んでくれるはずです。

ここでは、Aさんに成功体験をしていただくことが大きなポイントになります。

Aさんには、「Bさんとのアポイント完了」の報告をして、1回目の成功体験をしていただいています。小さいことですが、Aさんにとってみると「自分が施したことがうまくいった」ということは、ちょっとした喜びになっているのです。

あなたがBさんとの面談がうまくいったという報告は、Aさんにとって2回目の成功体験になります。この2回の成功体験によって「喜びを分かち合えたかどうか」が今後の紹介に大きな影響を与えることになります。

実は、応援団からの紹介で最初のひとり目がうまくいったケースといかなかったケースでは、2人目の紹介が出る確率が大きく違ってきます。極端な話ですが、ひとり目の成功体験のお陰で、2人目以降にうまくいかない場合があっても、その後も継続して何人も紹介してくれることがよくあります。

ひとり目の紹介を受けたときは、とても慎重に対応してください。Aさんが今後応援活動を積極的に続けてくれるかどうかが、このひとり目にかかっているといっても過言ではありません。

では、逆にBさんが応援団になってくれなかったときに、Aさんにどのように連絡すればいいのでしょうか?

まれなケースですが、そういうときは、言われた内容を最大限にポジティブに解釈して報告してください。

たとえば、面談でBさんからは「応援団になれないけど、何かあったら連絡してあげるね」と言われたとします。これを、ポジティブにとらえると「応援したいけど、紹介は難しい。だから小さな協力をしてあげるね」という解釈になります。

つまり「プチ応援団」になってくれたということになります。

ですから、Aさんには「お陰さまで、プチ応援団になってくださることになりました！ありがとうございました！」と報告すればいいのです。

もともと、応援団という組織は、あなたを「応援してくれる気持ちになってもらえるかどうか」ということが大切なのであって、「紹介者を出さなければいけない」というわけではありません。ですから、極端な話ですが「何かあったら連絡してあげるね」と言ってくれた時点で「応援団」になってくれたと同じことになるわけです。

ここで、ポジティブに解釈するのには、別の理由もあります。

それは、**「Aさんの顔をつぶさない」**ということです。

もし、あなたが「Bさんから協力は難しいって言われました」と報告したら、Aさんはどう思うでしょうか？

あなたに対しては「なんだ！　きっと話し方がへたくそだったんだな」と思ってしまうでしょう。そして、Bさんに対しても「俺の顔をつぶしやがって」という感情を抱かせてしまいます。

そうすると応援どころか、あなたのせいで「AさんとBさんの仲に水をさしてしまうこと」になります。それは、応援をお願いする立場として絶対に避けなければなりません。

結論を言います。

Bさんとの面談の結果が応援団に関して「YES」でも「NO」でも、紹介してくれたAさんには、「Bさんとお会いできて凄く良かったです。なんとか協力してくれることになりました。本当にありがとうございました」と、あなたが喜んでいることを伝えて、お礼を言ってください。

あなたからの「喜びとお礼」の連絡自体がAさんにとって成功体験であり、喜びの分かち合いになるのです。

⑬紹介された方々との2回目以降の接し方
⬇話題と面談回数の増やし方

直接の知人でない応援団Bさんとの2回目以降の接し方のコンセプトは、「親友になるつもり」です。

もちろん、とくに年齢差や性別の違いがあった場合、単純に「親友」といってもピンとこないこともありますが、お互いの「人間性を分かり合う」ということが次のステップになりますので、「親友」というイメージでアプローチするのがいいでしょう。

間違っても「紹介、紹介」と、プレッシャーをかけるような対応をしてはいけません。

これは、ご法度です。

たとえ誰も紹介できずにいたとしても、プレッシャーをかけるような会い方を絶対してはいけません。

その応援団は、「紹介できていない」ということ自体が本人にとって「ちょっとした引け目やストレス」になっている可能性があるからです。

だからこそ、そのような応援団に対しては「引け目なんて感じないでください。お付き合いしていただけるだけでありがたいです」という気持ちで接するのです。

そのコンセプトが「親友」です。

そのようなあなたのひたむきな姿を見て、逆に「がんばって紹介してあげよう」という気持ちになってもらえるものです。


この「親友になるつもり」で具体的に話題にする内容は、応援団の人柄を知るための「情報収集」ということを意識してください。

面談の中で、応援団の「誕生日」や「結婚記念日」などのプライベート情報をさり気なく集めるのです。そこで入手した情報は、必ずメモに残しましょう。

親友の誕生日を知らない人はいないですよね？

同じように応援団の記念日もちゃんと知っておくことがひとつの礼儀でもあります。

また、Bさんの趣味や好きな食べ物、家族構成、奥様の趣味、お子さんの学校などなど。知っておいた方がいい情報はたくさんあります。Bさんとの2回目以降の面談は、情報収集の機会に徹しましょう。

仮に、あなたのビジネスの話をする場合があっても、「お伺いを立てる程度」でいいでしょう。「今回、お送りしましたニュースレターの内容はいかがでしたか？　ここはこうした方がいいというようなご意見があったら、ぜひお聞かせください」というお伺いを立てるのです。

最も避けなければいけないことは「二度と会いたくない」と思われることです。逆に言えば、それ以外は何でも結構です。とにかく、面談回数を重ねる努力をしましょう。単純に面談回数が増えるだけで、あなたの信頼度は増します。

これは、よくある「朝いつも同じ電車に乗り、お互いに名前は知らないが挨拶だけする知人」と同じようなものです。このことは、心理学の分野でも証明されており、単純に会う回数が増えるだけで信頼関係が築けるのです。

「会ったときに誰も紹介してくれなかったから、成果がなかった……」と落胆する必要はありません。純粋に接触しているだけで、信頼関係の階段を確実に登っているのです。

そして、面談の帰り際になったら「次回会う口実になりそうな宿題」をもらいましょう。たとえば、商品についての質問であったり、返品するときの仕組みだったり、「調べてみないとわからないようなこと」をすぐに答えずに宿題として持ち帰るのです。そうすると次回のアポイントが入れやすくなります。「先日の宿題の答えをお持ちしようと思っています」と連絡すればいいだけですから。

この「帰り際の宿題」は、それほど親しくなっていない方と会う口実を作るひとつのコツです。新規営業をやる人でしたら、この技術なしには仕事が成り立ちません。そのぐらい大切なポイントです。

応援団は、新規営業ではありませんので、そこまで気合いを入れなくてもいいのですが、信頼関係を築いていくために、会う回数を増やす必要があります。ぜひ、「帰り際の宿題」を心がけてください。

こうして、あなたは、Bさんとの面談を何回か繰り返していくうちに、必ず信頼関係が築けてきます。そして、Bさんの知り合いのCさんを紹介していただけることにつながっていくのです。

⑭「無」から「有」が生まれる瞬間➡応援団作りの醍醐味

あなたは、自分の知り合いのAさんに応援団になっていただきBさんを紹介してもらいました。Bさんと信頼関係を築くことができて、Bさんの知り合いのCさんを紹介してもらうことになった場面です。

この応援団組織の3段階目にあたる「BさんがCさんをあなたに紹介してくれた瞬間」に、あなたはとても大きなスキルを習得できたことになります。

というのは、Bさんという赤の他人からCさんという赤の他人を紹介していただいたからです。ここがこの応援団組織作りの一番の要になります。

状況を詳しく把握してみましょう。

Aさんはあなたの直接の知人であり「友人・仲間」と呼べる存在ですから、あなたを「応援してあげてもいい」と自然に思ってもらえます。

Bさんに話をするときも「私の友人の○○さん（あなた）という人を紹介したいんだけど」と言っているはずです。

Bさんも「Aさんの友人なら……」と思ってくださいます。

ところが、BさんがCさんにあなたを紹介するときは、Aさんのときとまったく状況が違います。

Bさんは「友人の知人の○○さんを紹介したいんだけど」というセリフになってしまうわけです。

Cさんが「友人の知人……? なんだ赤の他人じゃないか」と思うのは当然です。すると、CさんはBさんに対して「なんで、その赤の他人のために僕を紹介するの?」という会話があります。

そこでBさんは「応援したい人だから」と説明がはじまります。

このBさんがあなたのことを「応援したい人だから」と宣言したこの瞬間に、Bさんはもう赤の他人ではなく、Aさんと同様の「友人・仲間」になってくださっているのです。

ここが重要なのです。単なる知人ならたくさんいますが、本当の仲間と呼べるような人脈はなかなかできないものです。

この応援団という形を通して、Bさんは「知人」から「友人・仲間」にステップアップしてくれたのです。

これが本当の人と人が有機的につながった瞬間です。

応援団の組織形成において、この紹介の紹介という「赤の他人」、つまり3段階目の紹介を獲得できたときは、その瞬間の喜びを「う～ん」と噛みしめてください。

ここから見込み客数は飛躍的に増加し、成果がグンと飛躍的に上昇していきます。


この応援団作りの醍醐味は、「他人から人脈が出た瞬間」にあります。

これは「無から有を生んだ」ということです。

この体験をできたあなたは、「人脈が少なくてもビジネスはできる」ということを本当の意味で実感するはずです。


そして、もうひとつ忘れてはならないことがあります。

それは、Cさんとのご縁を生むきっかけを作ってくれたAさんに対して「報告とお礼」の連絡です。Aさんにとっても、この無から有を生んだ劇的な瞬間の報告は、とても喜ばしいことのはずです。

応援団として、自分がきっかけで、知らないところでドラマチックな人のつながりができたのですから、まさに「究極の成功体験」です。

それだけ意義あることをしたAさんは、さらにあなたの応援活動を頑張ってくださるはずです。

⑮深掘り度をはかる⬇ミルグラムの「6次の隔たり」

Aさん（1段階目）→Bさん（2段階目）→Cさん（3段階目）と人脈をたどって紹介をお願いしていくことを「深掘り」と言います。

応援団の組織作りは、この「深掘り」が重要です。

一度、深掘りができるようになったら、後はDさん（4段階目）→Eさん（5段階目）→Fさん（6段階目）と、どんどん深掘りをしていけばいいのです。

つまり、**「人脈は横に広げるのではなく、縦に掘っていくものだ」**ということです。

応援団組織の深掘りは難しいことではありません。

これが「応援団の深掘り」ではなくて、営業マンにおける「お客様の深掘り」や、ビジネスにおける「取引関係の深掘り」となると、理論上ではできそうであっても、実際にはなかなか上手くいきません。

しかし応援団組織の深掘りは、「仲間・友人」という人間関係であり、「お客様や取引先」といった利害関係を前提とした関係ではないので、この「深掘り」がどんどん進んでいくのです。こうして「深掘り」が進んで応援団組織ができると、見込み客を集めることにまったく困らなくなります。


まさに理想的なマーケティング方法です。

もちろん、応援されるタイプになるためのパーソナル・ブランディングの努力と、これまでに述べた応援団組織の作り方の実践は、手間がかかる作業でもあります。

だからといって、毎日毎日新規の飛び込み営業をするよりはるかに効率的どころか、この手法は、営業における最終手段、これ以外に道はないと言ってもいい手法なのです。

最初の1段目の応援団を「少数が望ましい」と申し上げた理由がおわかりいただけたでしょうか。少ない人脈から、多くの人と関わりを持つこの「深掘り」の概念をしっかりと理解してください。

「深掘り」を理解しないで応援団組織を作ろうとすると、最初に書き出した「応援して欲しい人100人リスト」全員に応援団をお願いしなくてはと考えてしまいます。

つまり「知り合いにお願いする」という従来の人脈の概念とまったく変わらなく、「直接の知人が何人いるか」ということだけで応援団の数が決まってしまうのです。

そしてその応援団は、縦に掘る深掘り人脈の広がりがないため、すぐ限界が来てしまうのです。これでは、応援団の数が150人に達しないばかりか、見込み客の紹介の質と数がどんどん低下し、行き詰まってしまいます。

では、この「深掘り」は、どれぐらいまでやればいいのでしょうか？

その答えは「6人目（6段目）のFさん」までを目安にしてください。

なぜかと申し上げますと、深掘りを続けると6人目までに素晴らしいキーマンが現れることが多いからです。

そのキーマンは、あなたが理想的に思い描いているビジネス・パートナーかもしれませんし、恩師になる方かもしれません。いずれにしろ、6人目までの深掘りをすると直接的に最も役立ってくださるキーマンが現れる確率が高いのです。

この「6人目」というのは、アメリカのミルグラムという心理学者の実験によって生まれた「6次の隔たり」からも実証されています。

この「6次の隔たり」とは、**「知人の知人を介して、知り合い関係をたどって（深掘りして）いけば、平均6人目で、誰にでもつながることができる」**という実験結果から生まれた人的ネットワークの概念です。

たとえば、ある有名芸能人に会いたいとします。その場合、その芸能人とつながりがありそうな人をたどって深掘りしていけば、ほとんどの場合、平均6人目までにたどりつくということです。

あなたにとって、その素晴らしいキーマンとはどのような人でしょうか？

その人物像を明確にしておいてください。そうすれば、6人目までにそのような方が現れることでしょう。

またここで間違えないで欲しいのは、**キーマンは「6人目にいる」のでなく「6人目までにいる」ということです。**このキーマンの出現によって、あなたの営業キャリアは一変し上昇路線をたどることになるでしょう。

さて、ここまでできたあなたには、もうひとつやらなければならない作業があります。

それは「応援団組織図」の作成です。

この応援団作りを進めていくと、誰が誰の紹介なのかわからなくなることがあります。

そうならないためにも、どなたのつながりで入った人なのか一目でわかるよう「応援団組織図」を書いておきましょう。

改めて眺めると「思わぬ人」がキーマンとなって、深く、広いつながりを持っていることがわかると思います。

そうすると、いかに「深掘り」が大事であるかも理解できることでしょう。

これを継続していけば、将来あなたの応援団組織が、非常にダイナミックな人脈図になることは間違いありません。

応援団（人脈）は縦に深掘りせよ！

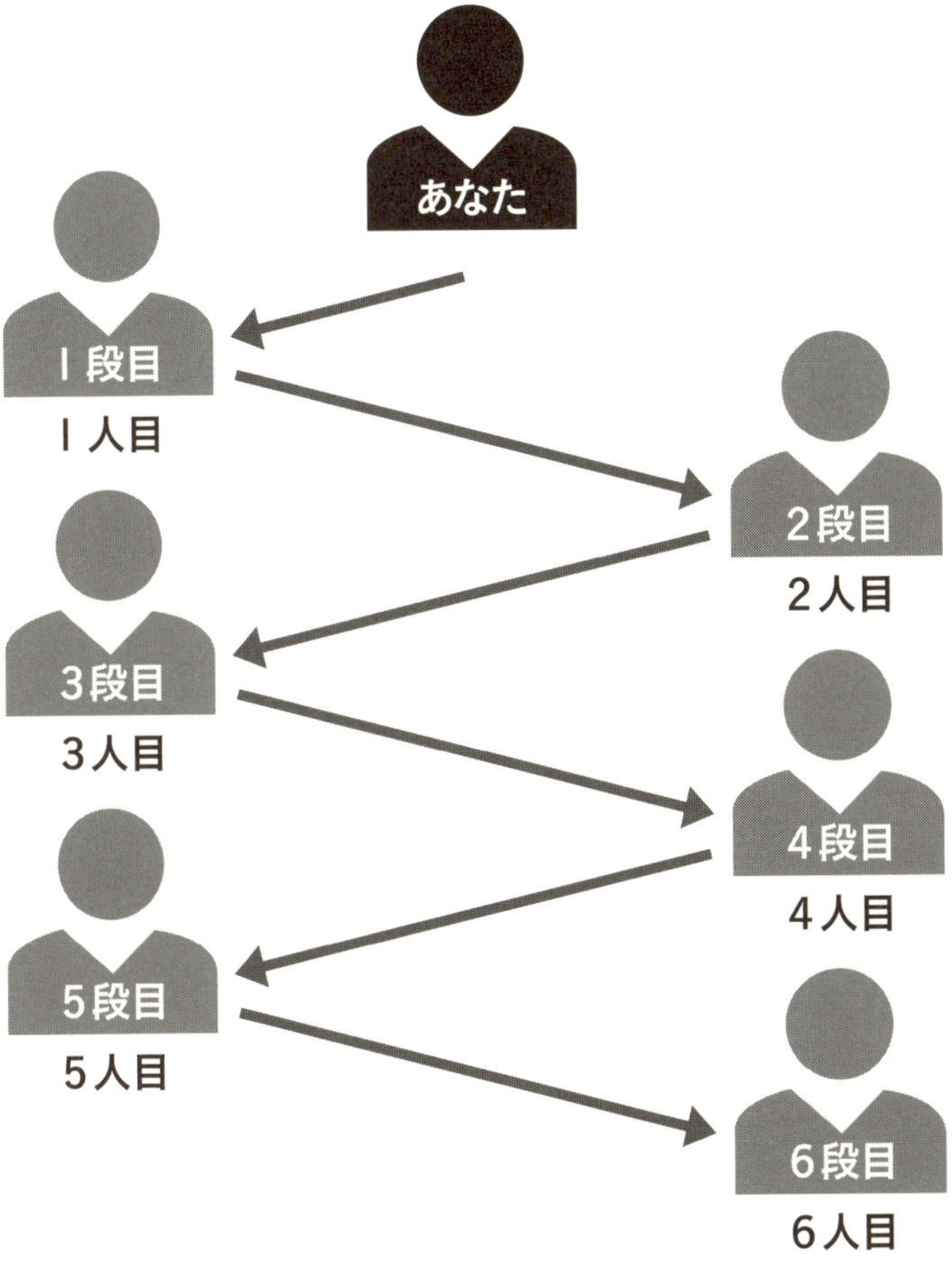

※ミルグラム　6次の隔たり

それが、応援団組織作りの醍醐味でもあります。

⑯人に紹介しやすいきっかけを作る➡相手の条件の絞り込み

応援団が、あなたを人に紹介しやすい「きっかけ」を作ってください。

応援団はあなたに協力的な気持ちでいてくれています。だからといって、「誠実な人を紹介してください」という条件だけだと、人に話すきっかけにならないことが多々あります。

つまり、「協力してあげたいけど、Bさんにあなたのことを話すきっかけがつかめない」のです。「誠実な人」という一般的な人物像だけでなく、もうひとつもっと絞り込んだ「きっかけ」を提供するのです。

応援団がこんな会話をしてもらうことをイメージしてみてください。

「私の知り合いで○○（あなた）さんという人がいるんだけど、今、彼を応援してあげていてね……それで、今回は〝特別に○○な人〟で、誠実な人を紹介して欲しいということなので、あなた（Bさん）を紹介したいと思うんだ。会うだけでいいから、会ってやってくれないか？　もちろん、何か無理やり売りつけたりしないから安心してくれ。何しろ彼は本当に明るくていいヤツだから……」

このように、応援団の方に「今回は特別に○○な人」を紹介してくださいと具体的に指定するのです。応援団もこのように限定されることによって、「○○な人」の条件に合う人を探してくれます。そして、ぴったりな人がいると、簡単に連絡してくれるのです。たとえば「青森県出身の人」「巨人ファンの人」「絵が好きな人」などなどの簡単な条件でいいのです。

これも「質問力」のうちのひとつです。「的確な質問をすると的確な回答が返ってくる」を使うのです。

そして、「なぜ○○な人がいいのか」という理由も探してください。

「最近、知り合って応援団になってくれた方が〝青森県出身の方〟だったので、もし何かでつながればいいなと思いまして……」とか「巨人戦のチケットが手に入ったものですから、〝ジャイアンツファンの方〟がいらっしゃったら……」という簡単な理由でいいので、「○○な人とあなたが会いたい。その理由は……」ということを示してください。そうすると応援団も「なるほど」と思って、紹介する相手を見つけやすくなります。

「応援団ができたけど、誰も紹介してくれない」という壁に当たったら、ぜひこの「○○な人」で条件を絞ってみてください。必ず、紹介が増えるはずです。

⑰応援団のグループ別のフォローの仕方➡信頼関係の効率的な深め方

Ⅰ.シルバーグループ——紹介がまだ発生していない方

まず、目指すのは、このグループの人数をとにかく増やすことです。はじめのうちは、ここの人数の規模が重要です。いわゆる「基盤作り」だからです。

ただし、先にも説明した通り、自分の人脈だけで広げようとしないで「深掘り」で人数を増やしてください。

以下、このグループに対してあなたのやるフォローの一例です。

- **あなたを知ってもらう。相手の基本情報を集める。**
- **毎月のメールマガジンを渡す、または送る。**

・面談回数を増やし、信頼関係を築く。
・接触のコンセプトは「親友になるつもり」。
・基本情報（誕生日など）に対して何かアクションを起こす（カード、プレゼント等）。

2．ゴールドグループ――ひとり以上の紹介があった方

このグループは、あなたとの信頼関係がそこそこある方々です。

商品ユーザー、つまりお客様になってもらえるように意識してみましょう。ただし、強引なやり方はダメです。応援団が自らあなたに、「私も商品を買いたいんだけど（契約したいんだけど）」と言ってくれるようになるまで待つのです。

自ら言ってもらえるようになるには、「ユーザーの体験」をたくさんお伝えするといいでしょう。その上で「あなたも使ってくれれば（契約してくれれば）うれしい」というニュアンスをお伝えするのです。間違っても「あなたもどうですか？」と売るためのお誘いは禁物です。

これらの言葉の伝わり方には、微妙なニュアンスの違いがあります。

「あなたが使ってくれたらうれしい」ということと、「あなたも使ってみたらどう？」と

いうことは意味合いが違って伝わるのです。

前者は「買わないことが前提」ですが、後者は「買って欲しい」というニュアンスになるのです。応援団に後者の接し方をしてはいけません。せっかく築き上げたものが崩れる可能性があります。

それよりも**「買ってくれたらうれしいけど無理しないで欲しい。それより、あなたに応援してもらえることの方が私にとって重要なのです」**という気持ちでユーザーの体験談を伝えれば、自然に商品に目を向けてくれるようになります。

逆にそれでも買わない場合は、まったく別の理由で「買う気がない」ので諦めましょう。

そして、紹介専門グループの方として引き続き応援をお願いしましょう。

またこのグループの応援団は、あなたにしてあげたことを「大したことではない」と思っています。ですから、あなたがキチンと「感謝の気持ち」を伝えないと、「応援団の存在がどれだけ貴重なのか」ということが伝わりません。

それは、単なるお礼というレベルでなく、「あのときにあの紹介の仕方が絶妙でとても助かりました」とか、「この情報をいただけたからこそ、新しい切り口が見つかりました」

というような、具体的に助かった事柄を伝えてください。

そうすることによって、応援団として価値を自覚してもらえるようになります。

そういう意味で、このグループの方々には、たくさんの「小さな成功体験」をしてもらうようにしましょう。もちろん「演技をしろ」とか「ゴマをすれ」と言っているのではありません。どんなに小さなことでもあなたがキチンと気がついて、その上で、感謝の気持ちを伝えるのです。そのあなたの「感謝の気持ち」自体が応援団にとっての「小さな成功体験」となるのです。


以下、このグループに対してあなたのやるフォローの一例です。

- **ユーザーの体験談を情報として伝える**
- **小さな成功体験をつんでもらう**
- **紹介してくれた方があなたにしてくれたことを報告する**

3. プラチナグループ——3人以上の紹介があった方

このグループの応援団は、あなたに協力的ではありますが、この段階で商品ユーザーになることがないようであれば、完全にユーザー対象外として考えた方がいいでしょう。

「3人も紹介してくれているんだから、買ってくれるのではないか?」という期待を持たずに、今後も紹介をたくさんしてもらえるようにお願いしましょう。

この方々は、紹介専門の応援団グループになっていただける方々です。

以下、紹介専門グループの方にあなたのやるフォローの一例です。

- **メールマガジンや企画の事前相談**
- **いいアイディアがあれば反映させる**
- **誕生日などのプライベート情報に基づく特別なプレゼント**
- **土日も含めたプライベートなお付き合い**
- **体験カードやアンケートに答えてもらう**
- **ユーザーの体験談を情報として伝える**

以上、これらはほんの一例です。やれることは、まだまだたくさんあります。思いつくアイディアをどんどん実践してみてください。そして、応援団一人ひとりとの関係をどんどん深めましょう。

⑱ 人口が少ない地域での応援団作り➡地元と都市のキャッチボール

人口が少ない地域や閉鎖的だと言われている地域での応援団の作り方を説明します。この方法は、ちょっと特殊なやり方です。

第1段目の人は、やはり地元であなたを応援してくれる人がいいでしょう。その応援団から、大都市や人口の多い近隣地域に人脈を飛ばしてもらうようにします。

つまり、ビジネス環境の厳しい地域から発信して、ビジネス環境のいい地域の人脈を通して、応援団組織を確立していきます。

そのときのイメージは、「地元と都市のキャッチボール」です。

たとえば、あなたが福井県のある人口の少ない町で営業マンをしているとします。

このケースでは、地元にまず直接の応援団Aさんを作ります。

そのAさんから東京に住んでいる「福井県出身のBさん」を紹介してもらいます。次に、そのBさんを通して、東京に住むCさんや福井県の地元のDさんを紹介してもらうのです。これも、縦に掘っていく「深掘り」だからこその成せる技です。

もともと地方の人口の過疎化は、東京などの大都市に移住してしまっていることが原因です。そう考えると、大都市には、地方の方がたくさんいるわけです。その方々の力を借りることができれば、過疎地でも応援団を構築することができるのです。

話しを戻します。

この応援団作りのポイントは、「福井県つながり」です。この地域性を特徴に応援団が構成されれば、これほど強いものはありません。

現実に東京に住んでいる福井県出身者同士では、比較的強いつながりを持っています。小さなコミュニティも存在します。そして、東京に住んでいる方でも、将来は地元に帰ろうと思っている方も多いものです。そのために、地元とのつながりを大切にしている方がたくさんいらっしゃいます。ですから、この方々のネットワークを通じて、地元に応援団を作ることは充分可能なのです。

このように、地方と東京のキャッチボールをイメージして応援団を作れば、どこに住んでいてもセールスはできるのです。

とくに昨今のＩＴ事情の目覚ましい発展を考えると、地域格差が大分なくなっています。コミュニケーションの手段も多様化されていますので、様々な応援活動ができます。

自分は「田舎だから」などと諦めないで、それを強みに工夫した応援団を作ってみてください。

⑲応援団の期限➡質を重視した「期限」とは

応援団の期限は設定しません。「半永久のお付き合い」と考えてください。

もちろん、長い人生いろいろなことがありますので、まったくお付き合いがなくなる応援団や音信不通になってしまう応援団もいらっしゃいます。だからといって、あなたから応援団との関係を絶ち切ることはないようにしましょう。

もし、応援団がまったく応援活動をやめてしまって、疎遠になってしまっても、あなたから最低限の現状報告をお知らせするようにするのです。それは、1年に1回の「年次報告」でもいいでしょう。あなたが元気に頑張っていることが相手に伝わればいいのです。もともと「疎遠になってしまった応援団」も、あなたの「選ばれた直接の知り合い」からのつながりで知り合った方です。いくら疎遠になったとしても、まったくの赤の他人になってしまうわけではありません。その応援団を紹介してくれた応援団の方は、現役バリバリであなたを支援してくれているのかもしれないからです。そうだとしたら、あなたから関係を切ることは、現在支援してくださっている応援団にも失礼になります。

ただし、年賀状だけでつながりを保ち続けることは避けた方がいいでしょう。年賀状は、相手にとって多くの中の一部であり、印象に残らないかもしれないからです。ですから、まったく違うタイミングで「年次報告」をするようにしてください。

この「半永久のお付き合いになる」という心構えは、あなたが新規のお客様とはじめて会うときに「一期一会の姿勢」として表れてきます。

大抵の営業マンが「次から次に」という数で営業しているのに対して、あなたが本当に「質を重視したお付き合いをしようとしていること」がこの姿勢によって相手に伝わるのです。そういう意味でも、「期限を設けずに一生のお付き合い」になるつもりで応援団を組織していきましょう。

⑳ 3つの特別応援団 ⬇ この応援団が成功のカギ

最後に3つの特別応援団の存在を説明します。

ひとつ目の特別応援団は「VIP応援団」です。

最初、この応援団は存在しません。あなたの応援団組織がある程度でき上がり、実際の営業活動をしていく上で数々のご支援をいただき、「プラチナグループ」からステップアップしてくる方々です。

この応援団は、ユーザーの立場から商品を買ってくれそうなお客様を紹介してくださいます。また、応援団の立場からあなたを応援してくれるような仲間を紹介してくださいます。会社や商品に対する意見もたくさん言ってくださいます。

この方々への対応は、売上に大きく貢献してくださっているヘビーユーザーよりも大切にしてください。

ヘビーユーザーは商品に不満があった場合、他社の商品に移ることがありますが、この特別応援団は、あなた自身を応援し、あなたが所属する会社を良くしてくれようという思いで協力してくれるのです。そのような意味で、あなたのビジネス上の直接的な一番の支えになります。この方々との信頼関係は、絶対に壊してはいけません。

この「ＶＩＰ応援団」とは、他の応援団と一線を画した特別なお付き合いになってくるでしょう。一生の仲間になる方もいらっしゃいます。

そのときは、もう応援団という存在を超えて、家族ぐるみのお付き合いになり、本当の親友になっているかもしれません。

あなたは、すべての応援団がこのような存在になってくださることを理想に描きましょう。

２つ目の特別応援団は「メンター応援団」です。

応援団をお願いしていくと、「どうしても、この方とはお付き合いしたいけど、私の応援団として、どなたかを紹介してもらうイメージと違うな……」という方と出会うことがあります。どちらかというと、「私が何かをお願いするのは、あまりにもおこがましい」

と思ってしまう社会的地位の高い方です。

このような方々と出会った場合には、「メンター応援団」になってもらいましょう。「メンター応援団になってください」などと言う必要はありません。あなたが心の中で「この人を私のメンター応援団としよう！」と決めればいいのです。

そして、この「メンター応援団」は、あなたにとって「ただひたすらご尊敬申し上げて、学ばせていただく存在」です。何かを絶対にお願いしてはいけません。

もちろん、あなたの応援団組織図には、書き加えることはいいことです。あなたの横や上にまるで触覚のような位置に書いておき、紹介をもらう組織とは区別しましょう。

ところで、最近のビジネス書や自己啓発の本でも、よく「メンターを見つけよう」と言われていますが、そもそも「メンター」とは何でしょうか？

「メンター」の語源は、ギリシャ伝説の中のトロイ戦争でオデシウスが出陣の際、その子テレマカスの教育を託した友人「メンター（Ｍｅｎｔｏｒ）」の名に由来します。

現在は、「良き指導者、師匠、親身になって支援してくれる人」という意味でメンターという言葉が使われています。

そういう意味でこの「メンター応援団」は、人によっては「宗教」のような存在になるかもしれません。

この世に目に見える存在でなく、つねに心の指導者となる「応援団」です。


最後に3つ目の特別応援団がいます。

それは、「配偶者、親、兄弟などの家族や婚約者、恋人」などの「ファミリー応援団」です。この方々は、あなたにとって、ビジネス上の直接的な応援団ではないかもしれません。でも、あなたの生活基盤を支えてくれる必要不可欠な最も重要な「応援団」です。この方々を除いて、あなたの人生は語れません。


仕事に打ち込むあなたを、とくにプライベートや家庭生活の中で援助し、精神的、肉体的な健康を維持することを助けてくれるパーソナル・ドクターであり、またカウンセラーでもあり、人生の浮き沈みを安定化してくれるコーチでもあります。

「ビジネス」という狭い枠組みでなく、つねにあなたの「人生」そのものを応援してくれるパートナーです。

共に笑い、共に泣き、何事も分かち合うことができる貴重な仲間、時に厳しく、時に優しく、大統領のように働き、王様のように遊ぶことを心から奨励してくれる唯一無二の存在かもしれません。

この「ファミリー応援団」の存在を必ず組織図に書き加えてください。そして、つねに忘れないようにしてください。

ビジネスの現場に立つと、とかくこの特別応援団の存在を忘れてしまいがちです。

本当は、あなたにとって最も大切な存在なのに、関係が近すぎるがゆえに、気がついたらないがしろにしてしまっていることも多いようです。

目標の設定方法の項目でも申し上げましたが、**「家庭の失敗をビジネスの成功で補うことは絶対にできません」**。

ですから、この方々を応援団組織図に加えて「何のために仕事をしているのか」ということを忘れないようにしてください。

その作業をするだけで、あなたの成功する意味と方向性がぶれなくなります。

その結果、「真の幸せな成功者」になれるのです。

特別応援団を加える！

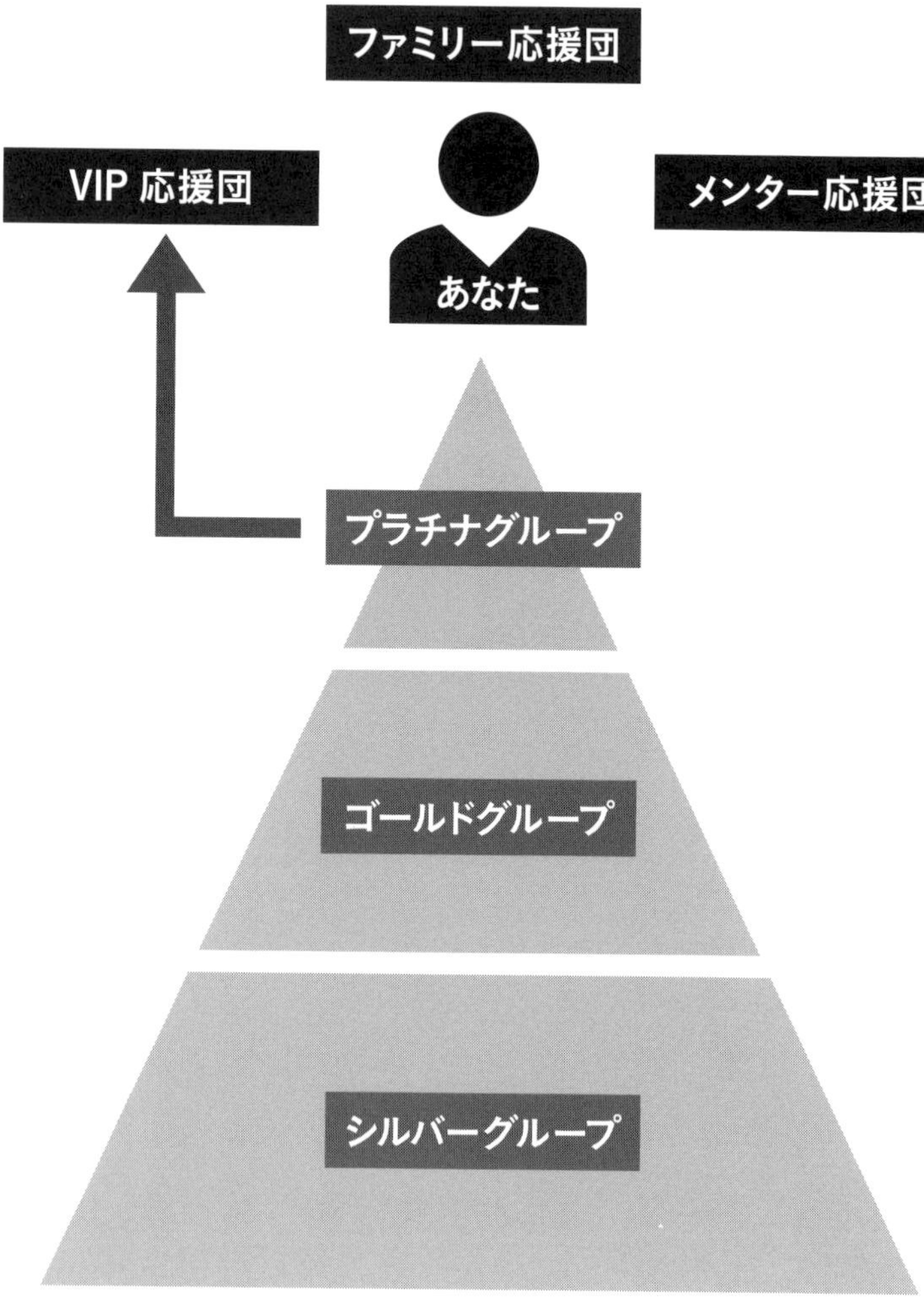

ファミリー応援団
VIP 応援団
メンター応援団
あなた
プラチナグループ
ゴールドグループ
シルバーグループ

おわりに

応援団の作り方、いかがでしょうか？

やることは、単純なことです。ですが「そんなに上手くいくかな？」と不安になる点もあると思います。当然です。今までの営業スタイルと根本的な部分で異なりますから。

でも、たとえ不安だからといって、今の営業スタイルを続けられますか？　難しいと感じていらっしゃるなら、まずは、本書の通りに実行してみてください。

第1は、「あなた自身が応援されるタイプの人になる」
第2は、「少ない人脈から応援団を作りはじめる」
第3は、「応援団の力をお借りして見込み客を集める」

ということです。

必ず、成果が出るはずです。そして、この応援団を作っていく過程で面白いことに気がつくと思います。それは、ほとんど応援団が自然に見込み客またはお客様に変わっているということです。

あなたは、応援団を集めていただけなのに自然に見込み客を集めていたという現象になっているのです。そうです。この方法は、急がば回れの究極の見込み客集めの方法だったのです。

さて、あなたは、これから多くの応援団と出会うことでしょう。その応援団の多さに気づいたとき「感謝」の気持ちが心の底から湧いてきて、営業スタンスがガラリと変わるはずです。

人をセールス対象だけの目で見つめることをやめて、単に売り上げをあげるためだけでなく、人のつながりを本当に大切にして、「喜び」を分かち合う人になっているのです。

あなたが、実践で学んだこのノウハウを周りの人とぜひ分かち合ってください。

狭い世界で同じパイを取り合うようなビジネスではなく、本当の意味での自己実現を、応援団のみなさんとともに目指してください。

実現される過程で、お互いに人生を共に歩く一生の仲間になっていることでしょう。
本書を最後まで読んでくださったみなさんの成功を私は心から応援しています。
私もみなさんの一生の仲間のひとりになれる機会があれば光栄です。

最後に本書を執筆するにあたり、多大なるご指導と最高の応援をいただいた薛ジェームズさん、藤江琢司さん、きこ書房の取締役編集長松隈勝之さんには、言葉では言い表わせないぐらいの深い感謝の気持ちでいっぱいです。本当にありがとうございました。
また、これまでずっと私を支えてくださった応援団のみなさま、本当にいつもありがとうございます。これからも多くのビジネスマンが「毎日幸せだ」と心の底から思えるような「真の幸せな成功者」になっていただくようサポートしていく所存です。引き続きの応援を心よりお願い申し上げます。

二〇一一年七月三十一日

神尾えいじ

【著者】

神尾 えいじ（かみお・えいじ）

1966年、東京生まれ。慶應義塾大学理工学部卒業。

平成元年、東海銀行（現三菱東京UFJ銀行）入行。中小企業向けの営業に配属。

頭取銘柄と言われていたVIPのお客様を担当した際に営業の基本と人とのお付き合いの心構えを徹底的に教育される。

銀行退職後、義兄主催の出版系ベンチャー企業の立ち上げに参画し成功。

その後、独立し健康食品の営業を行うも見込み客開拓で苦労し、月収が750円とどん底の時代を経験。あるお客様の一言がきっかけで「応援団作り」を思いつき、数千名のお客様をご紹介いただくようになる。

2004年、株式会社インペリアル・サポートを設立。中小企業向けの資金繰りコンサルティングを実施。

2006年、『読むだけで驚くほど見込み客が集まる本』を出版。

この頃には、たったひとりの方から半年で200名もの経営者のご紹介をいただけるようになり紹介営業のプロとして拍車をかける。

応援団の中には、著者個人に1億円の投資の申し出があるほど経営者として信頼関係を確立できるようになる。

現在、生命保険各社、商工会議所、税理士会で「紹介営業の達人」「資金繰り･資金調達」をテーマに講師を務める。

また、「幸せな成功者」育成サポート事業を立ち上げ、「幸せな成功のための3つの目標設定」をテーマにセミナー活動中。

※本書は、『読むだけで驚くほど見込み客が集まる本』を大幅に加筆修正し、再編集したものです。

紹介だけで一生売れる技術

2011年 9月29日　第1刷発行
2011年10月25日　第2刷発行

著　者　　神尾えいじ

発行人　　松村　徹
編集人　　松隈勝之
発行所　　きこ書房
〒163−0222 東京都新宿区西新宿2-6-1 新宿住友ビル22階
電話 03（3343）5364
ホームページ　http://www.kikoshobo.com

カバーデザイン　　渡邊民人
本文デザイン　　佐藤千恵
素材提供　　© petrol - Fotolia.com
企画協力　　株式会社セールスプロモーションサービス

印　刷　　新灯印刷株式会社
製　本　　東京美術紙工協業組合

　ISBN978-4-87771-282-2　C0030

読者プレゼント

たったひとりの応援団から
180日間に
200人の経営者を
紹介していただいた、
その裏側の実話レポート

神尾えいじ自身が本書のノウハウを
実践でどのように使って、
どのように紹介をいただいたのか、
実話を詳しく書いた非売品の特別レポートです。
下記にアクセスしてダウンロードしてください。

http://sales-110.jp/

神尾えいじ **検索**

携帯電話しかお持ちでない方は、
pre@sales-110.jp
に空メールを送ってください。